Puntos del placer

Hsuan Tsai Su-Nu

Puntos del placer

(La digitopuntura sexual)

FONTANA
PRACTICA

Ediciones Martínez Roca, S. A.

Enric Granados, 84, 08008 Barcelona
ISBN: 84-270-0691-8
Depósito Legal: B. 16357 - 1987
Impreso por Diagràfic, S. A. - Constitució, 19 - 08014 Barcelona

Impreso en España - Printed in Spain

Índice

Después de la consumación

Después de la consumación el fuego y el agua conviven. Si el agua y el fuego conviven, los elementos están en equilibrio y la práctica dual ha sido beneficiosa.

Después de la consumación es el hexagrama 63 del *I Ching*.

Prólogo

En los últimos años, palabras como Tantra, Kundaliní, Raja-Yoga o Siva-Sakti se están haciendo cada vez más habituales. En especial, la palabra Tantra empieza a ser conocida en todos los medios. Sin embargo, no ocurre lo mismo con lo que podríamos llamar el «tantra chino».

Algunas escuelas taoístas practican desde hace milenios una forma especial de seguir el Camino. Esta forma de fluir en el Tao se consigue a través de una relación sexual practicada de tal forma que se evita la eyaculación masculina. Por supuesto, el proceso es mucho más complejo que un simple «coitus reservatus» y, curiosamente, no excluye una cierta forma de orgasmo masculino. La unión sexual refuerza determinadas energías sutiles, las cuales permiten alcanzar la inmortalidad a ambos sexos.

Nos encontraríamos, pues, ante otro de los métodos por los que el taoísmo busca una inmortalidad que debemos entender más como una trascendencia que como una continuación indefinida de la existencia corporal.

En algunos textos taoístas tropezamos a menudo con frases poéticas como «el combate florido», «la unión de los alientos» o «el cultivo dual», que se refieren al encuentro sexual entre adeptos. Con este lenguaje se pretendía apartar a los curiosos, ávidos de sensaciones fuertes, de unas prácticas cuyo conjunto forma un cuerpo de doctrina auténticamente yóguica, paralela y en ocasiones coincidente con lo que se ha dado en llamar «el yoga alquímico». Estas prácticas comprenden toda una serie de posturas y recomendaciones sexuales, así como ejercicios, normas dietéticas y sistemas de respiración. Todo ello tiene por objeto reforzar determinadas energías vitales que posteriormente conformarán un cuerpo sutil. El objeto de éste es permitir que el adepto sobreviva a la desaparición del cuerpo físico.

Pero el primer paso para conseguir reforzar y purificar esas energías vitales es evitar la emisión durante la práctica sexual y en el caso femenino, llegar con facilidad al orgasmo. Para ello es necesario potenciar la sexualidad y, con ese fin, se utilizaban toda clase de métodos, desde los afrodisíacos hasta el control de la energía sexual a través de los meridianos. Este último método, empleado en la acupuntura, es sin duda más seguro que la ingestión de pócimas de dudoso origen. Pero existe una forma, aún más inocua y carente de riesgos, que consiste en sustituir las agujas por la punta de los dedos. A este tipo de control de las energías vitales está consagrada la presente obra.

Si ya es difícil encontrar obras dedicadas al cultivo dual, resulta casi imposible localizar obras que detallen alguna técnica, y menos sobre el tema de la estimulación o el control sexual mediante digitopuntura, del que no conocemos ningún otro trabajo en Occidente.

La autora, una adepta al sistema del cultivo dual, escribió, en el primer tercio de este siglo y por encargo de su maestro, dos volúmenes en los que revela los secretos de su secta. En uno de los volúmenes nos desvela los ritos necesarios para la práctica dual, con las ceremonias que las parejas realizaban en el momento de su encuentro. El segundo volumen describe las técnicas para potenciar la sexualidad mediante la digitopuntura.

Esta obra ha presentado sus dificultades, ya que ha habido

que adaptar para el lector actual un lenguaje y unas formas de expresión propias de un sistema filosófico y cultural muy alejado del nuestro. Ha habido que simplificar algunos textos que dificultaban la comprensión de la idea original, debido al gran número de metáforas y frases poéticas, tales como: «La dulce presión de los dedos como camino de recuperación del equilibrio del ch'i», empleada para denominar la digitopuntura sexual.

En este libro se han añadido un centenar de ilustraciones. De esta forma se facilita la aplicación de las técnicas que sirven para potenciar la sexualidad, combatir la eyaculación precoz, la impotencia o la frigidez.

Estas técnicas fueron ideadas con la finalidad de mejorar nuestra existencia. No debemos tomarlas a la ligera, so riesgo de que redunden en perjuicio de los mismos practicantes.

La autora divulga aquí un arte taoísta secreto, prácticamente desaparecido de nuestro mundo, tanto occidental como oriental, y, por lo tanto, es difícil comprobar el alcance y consecuencias en el caso de no seguir o no respetar las indicaciones señaladas en esta obra.

El Editor

Introducción

A la memoria de Wu Shan Sheng, que hizo de cada una de nosotras uno de sus veinticuatro alientos.

Año del mono de agua yang, ciclo setenta y siete.

En el cuarto día del tercer mes, Wu Shang Sheng, nuestro maestro, habiendo conocido por una visión que el futuro de nuestra hermandad era retornar a la nada, decidió encomendarme a mí, la menos merecedora de sus veinticuatro discípulas, para que revelera las técnicas secretas que nos permiten avanzar en el dominio de la práctica dual.

Según la visión, esta revelación debía hacerse a través del papel. De esta forma, si bien la hermandad estaba condenada, el conocimiento se transmitiría y las enseñanzas permanecerían vivas.

Para ayudarme en esta tarea, el maestro me concedió el honor de la Luna Llena y me elevó a la dignidad de Hija de la

Tierra. Fue así como pude comunicar mis conocimientos, dirigida por la presencia de mi maestro, mientras a nuestro alrededor se derrumbaban los restos del antiguo orden.

Pronto tuvimos que refugiarnos con los bárbaros del Sur, ya que según lo vaticinado, menos de once lunas después de iniciado el trabajo, en el año del gallo, la hermandad fue dispersada y murieron la mayor parte de mis compañeras. Dos lunas antes, mi maestro había alcanzado ya la compañía de los Inmortales. De esta forma, al encontrarnos sin su presencia física, fuimos en seguida presa de todas las desgracias.

En el Sur, cumpliendo con lo dispuesto por el maestro Sheng, acabé el trabajo iniciado en nuestra patria. Revelé de esta forma el control de las puertas del ch'i y los ritos ocultos, hasta la tercera iniciación. Las dos obras tuvieron que imprimirse en el lenguaje de los bárbaros, por lo que pienso que quizá sea en los países de la Reina Madre donde continúen las enseñanzas.

En un día propicio del año del dragón de metal yang.

Primera parte

Puntos del placer y técnicas de manipulación

Puntos del placer

El número total de puertas que controlan las energías sexuales varía según las enseñanzas de las diversas escuelas. Siguiendo los consejos de Wu Shan Sheng, he incluido aquí no sólo sus conocimientos sino también los de otros grandes maestros, presentes y pasados. De esta forma, en las páginas siguientes se describen, localizan y enseñan a tratar los sesenta y siete «huecos» principales. Aquellos que la práctica ha demostrado como los más eficaces.

Los neófitos deberán evitar cometer el error de creer que todas estas puertas dan acceso a algún tipo de estímulo sexual. El principal servicio que muchas de ellas proporcionan es el de reforzar los resultados del tratamiento, y carecen de utilidad si se emplean aisladamente.

Una vez aprendidas las técnicas, el adepto al cultivo dual podrá acceder a las aplicaciones. Éstas le permitirán aliviar sus problemas o los de su pareja, facilitando el acceso al «camino secreto de la interacción del yin y el yang».

La localización de los puntos: el Tsun

La superficie que ocupa un punto es muy pequeña, tanto que podemos cubrirla ampliamente con medio grano de arroz. Ésta es la primera dificultad que presenta la localización de los puntos. ¿Cómo encontrar algo tan pequeño? Pero esta dificultad es sólo aparente. En la práctica, cuando se tratan los puntos por el sistema de presión[1], se considera también el «área de influencia» alrededor del punto, superficie equivalente a la de la punta de un dedo.

Para localizar los puntos necesitamos una guía que nos permita conocer la situación de los mismos. Estas guías se componen en general de dos partes: Unas reproducciones del cuerpo humano, en las que están situados los puntos, y una clasificación de los mismos, en la que se describe de forma más detallada esta situación.

A la simple vista de las reproducciones podemos comprobar que algunos puntos pueden localizarse de inmediato. Esto es debido a su situación especial, como el punto 1, situado entre las cejas. Para otros puntos, como el número 6, necesitaremos consultar la clasificación. Finalmente quedará una serie de puntos que sólo podremos encontrar utilizando los métodos de localización.

Métodos de localización: el camino de la medida y el camino directo

Existen dos caminos, opuestos y complementarios, para localizar los puntos. Uno es racional, exterior, activo, yang: es el «camino indirecto» o «camino de la medida». El otro es intuitivo, receptivo, yin: es el «camino directo» o «sensitivo».

El camino de la medida

En este camino se localizan los puntos midiendo las distancias que los separan de los lugares conocidos, sean éstos otros

1. No ocurre lo mismo con el sistema de acupuntura, en el que se debe hacer coincidir la aguja con el mismo punto. *(Nota del Editor.)*

Fig. 1.

puntos o alguna zona anatómica destacada. Como la situación de los puntos varía en cada persona, para localizarlos en cada una de ellas utilizaremos una unidad que es parte de su mismo cuerpo. Vemos así que cada cuerpo tiene su propia unidad de medida, que será la única que emplearemos para localizar sus puntos. Esta unidad, el Tsun, es personal e intrasferible, de modo que para cada persona emplearemos su propio Tsun y no el nuestro o el de otro.

Sólo así podremos obtener resultados de nuestros tratamientos.

En la práctica, la mayor parte de los maestros admiten que busquemos la equivalencia entre nuestro Tsun y el de nuestra pareja. De esta forma podremos utilizar nuestras propias medidas sin comprobar constantemente las suyas.

Según la forma utilizada para obtener el Tsun, surgen dos formas de aplicar el camino de la medida: el método sencillo y el método de fraccionamiento.

El Tsun del método sencillo. Aquí el Tsun corresponde al ancho del pulgar de la persona que va a recibir el tratamiento. La tradición indica que tomemos esta medida sobre la mano izquierda, si se trata de un hombre, y sobre la derecha en el caso de una mujer. Se puede tomar también la distancia que separa los pliegues de flexión del dedo medio. Otras medidas útiles vienen dadas por el ancho de las falanges de los dedos índice y medio, que equivale a 1,5 Tsun. Así como por el ancho de las falanges de cuatro dedos, equivalentes a tres Tsun.

Este método se encuentra al alcance de todos, incluidos aquellos que aplican por primera vez los métodos de presión.

Los Tsun del método de fraccionamiento. Para obtener el Tsun por este método se dividen en partes iguales determinadas longitudes del cuerpo humano. Así se divide en cinco partes iguales la distancia entre el ombligo y el borde del pubis, obteniéndose así un Tsun que sirve para localizar los puntos situados en esta área. De una forma similar se obtienen los Tsun correspondientes a otras zonas del cuerpo. Lo

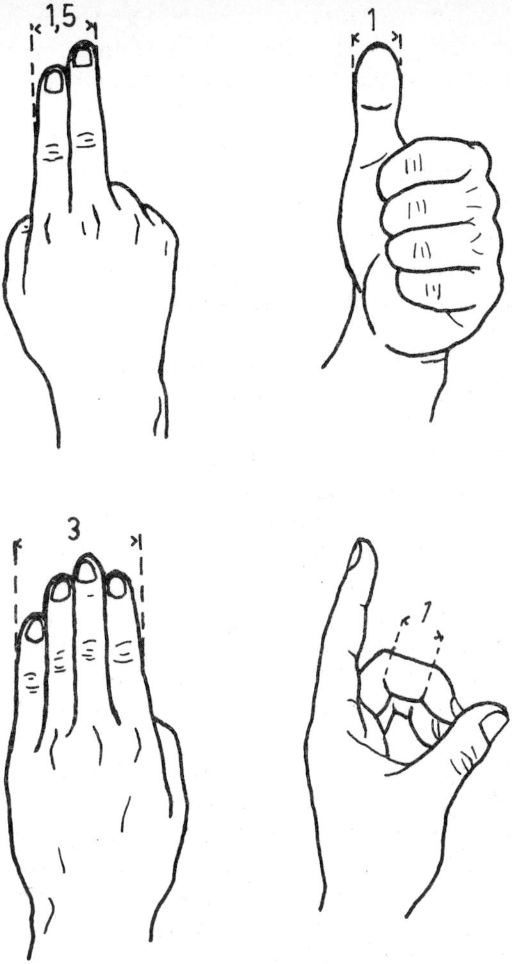

Fig. 2. El Tsun del método sencillo.

importante en este método es tener en cuenta que el Tsun de una zona determinada sólo se emplea en esa zona. Los adeptos adelantados encontrarán ventajas en este método.

El camino directo

El punto[2] es un pequeño hueco que se encuentra bajo la piel. En ocasiones, este hueco se corresponde con una cavidad en el hueso que se encuentra debajo. Utilizando un objeto de bambú o madera acabado en punta, es relativamente sencillo encontrar estos huecos o cavidades. Pasándola por el área donde se encuentra el punto y ejerciendo una ligera presión, percibiremos bajo la piel una pequeña cavidad que corresponde a la situación del punto.[3] Con la práctica, notaremos esta cavidad con la punta de los dedos.

Por otra parte, un punto y su área de influencia son más sensibles a la presión que el resto de la piel que los rodea. Si se experimenta una ligera molestia al recibir la presión, es una señal segura de que se ha encontrado el punto. Si esta molestia llega a ser un ligero dolor, se puede asegurar que existe una situación de desequilibrio energético. Situación que en la mayoría de los casos se aliviará inmediatamente después de un tratamiento.

El encontrar una pequeña cavidad debajo de la piel, que sea sensible a la presión, es la base de todos los métodos del camino directo. Pero existen otros métodos, que son una ampliación de los conocidos y que el maestro comunica a los adeptos con alguna experiencia. Estos métodos, además de permitirnos encontrar con más precisión los puntos, nos facilitan el inicio de un auténtico contacto, a nivel energético, con nuestra pareja. Son los llamados métodos del roce o de la fricción, debido a que hay que pasar suavemente la punta de los dedos sobre la piel, en un roce continuo.

2. «Hsie» 穴, es el ideograma chino que en Occidente se traduce por «punto», aunque su significado literal es el de «hueco», «cavidad». *(Nota del Editor.)*

3. Se puede realizar la misma operación con la punta de un bolígrafo gastado. *(Nota del Editor.)*

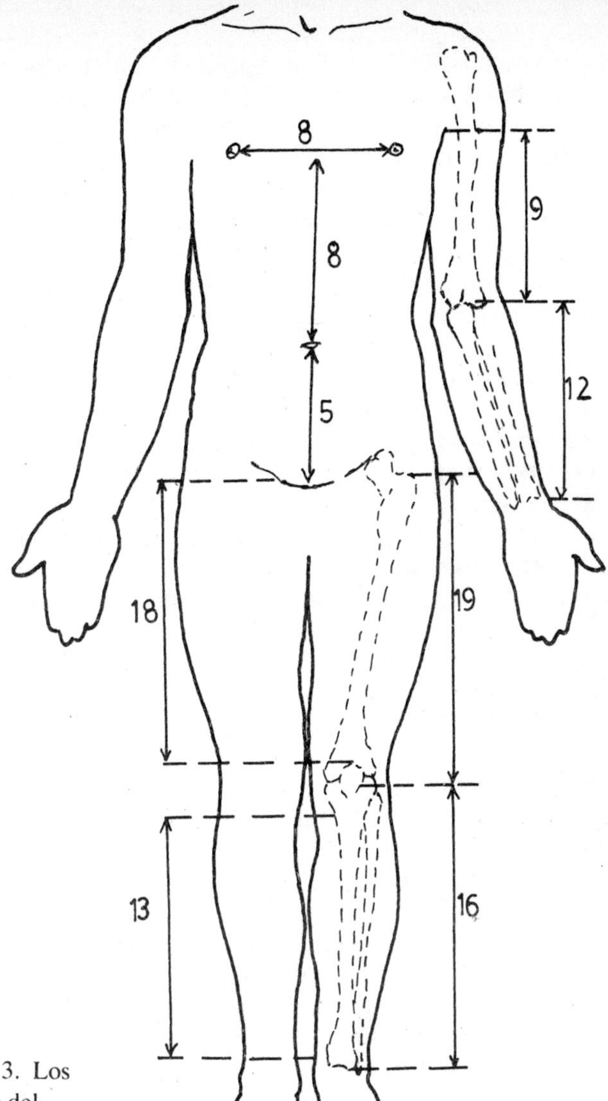

Fig. 3. Los Tsun del método de fraccionamiento.

El método de la fricción. Está basado en la existencia de un cambio de textura en la piel del área de influencia de los puntos. Este fenómeno se produce a dos niveles distintos, uno energético y otro material. En el primero, si se han preparado de una forma adecuada las manos,[4] se notará una especie de atracción que proviene del punto. Se dice que éste «llama» a la punta de los dedos. Para poder percibir esta sensación, vagamente magnética, hay que rozar suavemente la superficie de la piel con la punta de los dedos, realizando un movimiento de traslación extremadamente lento y sin separar los dedos de la piel.

En el nivel material realizaremos la misma operación, aunque esta vez el roce será más intenso. Cuando el dedo pase por encima del punto, se notará un incremento en la resistencia de la piel al roce. La sensación es similar a la que se produce cuando deslizamos los dedos sobre un vestido de seda. Si existe una mancha producida por una sustancia azucarada, notaremos una sensación de adherencia momentánea, remedando la que percibimos, en menor escala, sobre el punto.

La elección de un camino

El mejor consejo para el adepto es el de seguir «la ley suprema del equilibrio». Para ello aplicará primero el método sencillo de medida, sin olvidarse de utilizar el Tsun de su pareja. Después perfeccionará este método mediante la aplicación del camino directo, y a ser posible utilizando desde el primer momento el método de la fricción. De esta forma conseguirá situar los puntos con precisión, lo que le permitirá aplicar con éxito cualquier tratamiento.

Al utilizar los dos caminos, deberá aplicarlos siempre a la obtención de un solo punto, por lo menos las primeras veces. Para ello existen tratamientos de un punto único. De esta forma no se producirán desequilibrios energéticos en la

4. Véanse las técnicas de manipulación. *(Nota del Editor.)*

pareja, provocados por la búsqueda inexperta de los puntos. La presión, efectuada repetidas veces en una búsqueda inexperta, puede activar en cierto modo la circulación de energía.

El aprendizaje de localización, si se efectúa sólo por el sistema de la medida, sin presionar, puede ser útil para familiarizarnos con los puntos.

Existen tres formas de localizar los puntos: a través de dibujos, utilizando métodos especiales y por medio de una clasificación adecuada.

La clasificación de los puntos

Toda clasificación debe estar basada en localizaciones de puntos definidas por los grandes maestros. La mayor parte de ésta se debe a las enseñanzas de Wu Shan Sheng. Para el resto se han utilizado las que provenían de los tratamientos más populares y eficaces conocidos.

Después del número correspondiente a cada punto, se especifica si es único (situado en la línea media del cuerpo), o si es doble (ello implica que existen dos puntos simétricos a aquella línea media que en realidad forman un solo punto).

A continuación se explica la forma de localizarlo, así como las precauciones para ejercer la presión.

Puntos en la cabeza y en el cuello

1) Único. Situado entre las cejas. La presión puede ejercerse con fuerza de arriba abajo o perpendicularmente.

2) Doble. Situado junto al ojo, entre el lagrimal y la nariz. La presión se ejercerá en un ángulo de 45 grados en dirección a la nariz. Se empezará presionando con suavidad, hasta alcanzar la presión máxima que pueda soportarse sin molestias. Según la forma de los ojos de la pareja se utilizarán los dedos índices o pulgares. Es fundamental que las uñas estén cuidadosamente recortadas, al objeto de no lesionar los ojos.

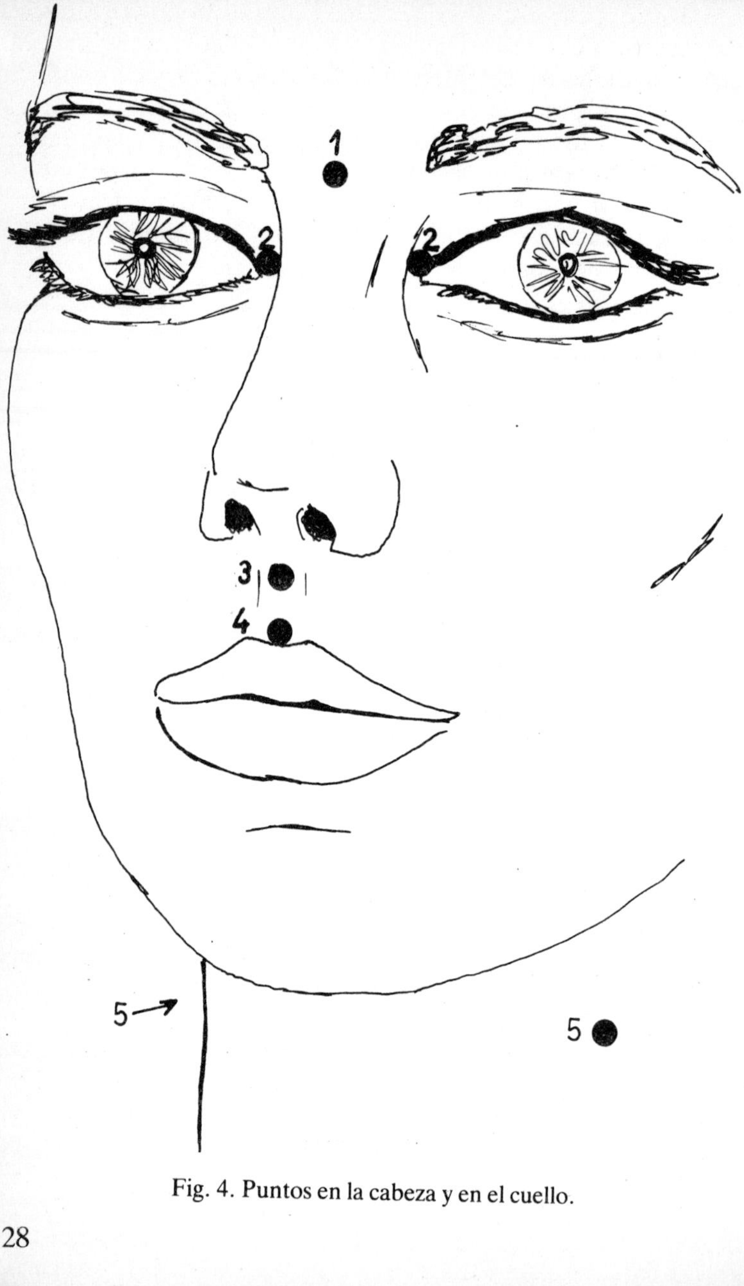

Fig. 4. Puntos en la cabeza y en el cuello.

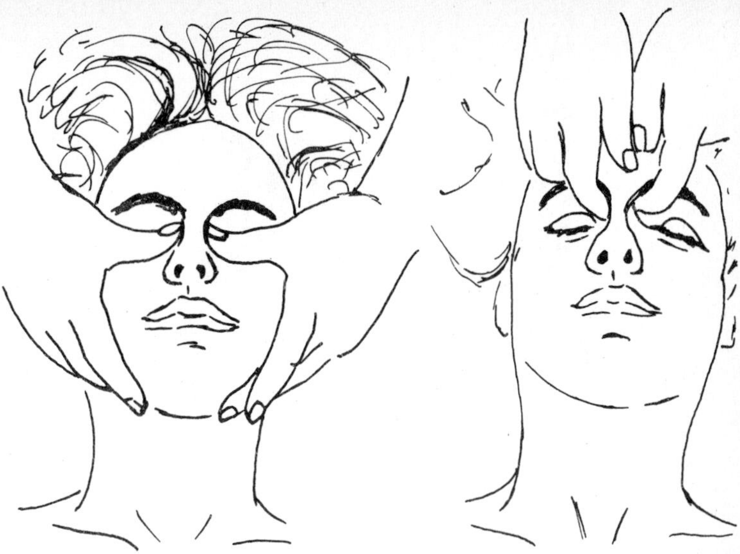

Fig. 5. Tratamiento del punto 2.

3) Único. En la línea media del labio superior, a un tercio de la nariz. La presión se debe dirigir hacia arriba.

4) Único. Situado debajo del anterior, justo en el borde del labio. La presión se ejercerá en forma de pellizco, como en el punto 8. Este punto y el anterior se encuentran conectados con el clítoris por medio de un canal especial. La estimulación de cualquiera de los dos ayuda a conseguir un estado de relajación.

5) Doble. Situado en el cuello, debajo de la mandíbula, a ambos lados de la laringe, justo en el lugar donde se nota latir la carótida, en el borde exterior del músculo del cuello (esternocleidomastoideo). Se ejercerá una presión suave, en dirección al músculo, poniendo cuidado en evitar presiones directas sobre la arteria.

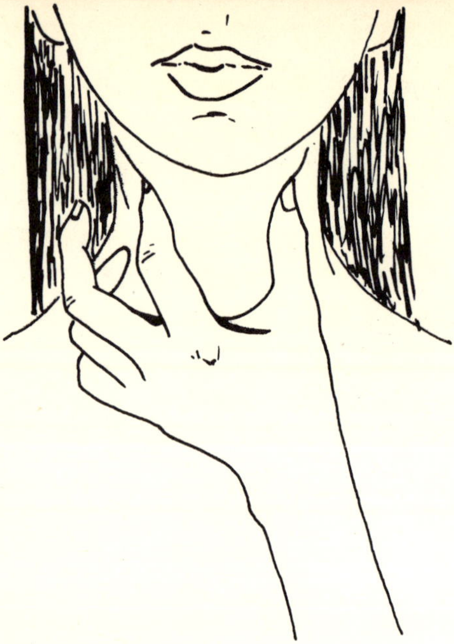

Fig. 6. Tratamiento del punto 5.

Puntos en los brazos

6) Doble. Situado en el extremo del hombro. En la articulación del omóplato con la clavícula. Para localizarlo, haremos que nuestra pareja levante lateralmente los brazos, hasta llegar a la horizontal. En esta postura aparecen dos depresiones o huecos en el hombro. La menor y más cercana a la punta del omóplato (acromion), contiene el punto que buscamos. Presionar verticalmente con los pulgares.

7) Doble. Situado en una depresión, entre el extremo del pliegue del codo y la cabeza del húmero. Presionar en dirección al codo.

8) Doble. Situado en el dorso de la mano, junto al segundo

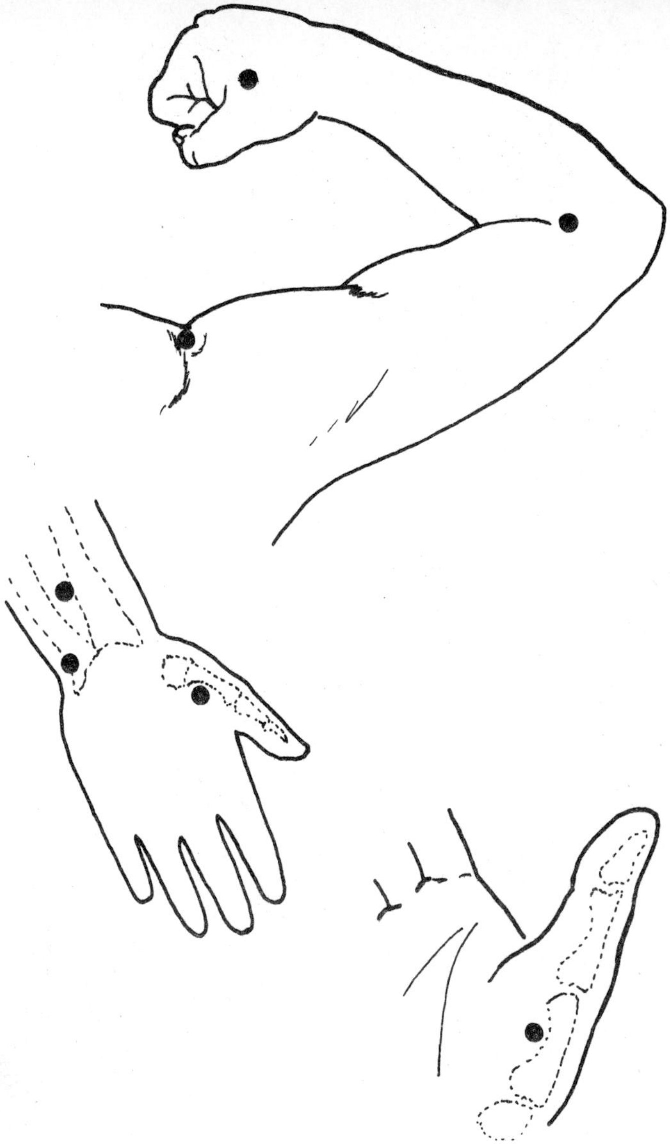

Fig. 7. Situación de los puntos en los brazos.

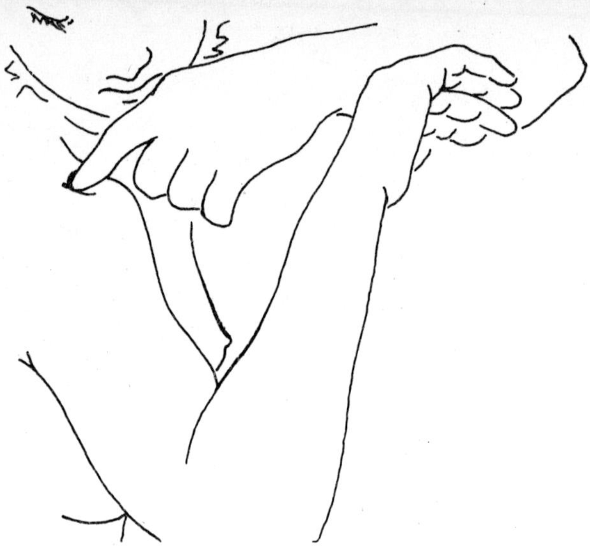

Fig. 8. Autotratamiento del punto 6.

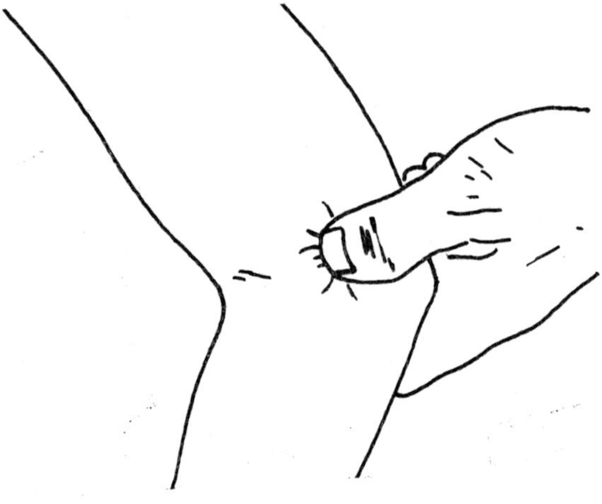

Fig. 9. Tratamiento del punto 7.

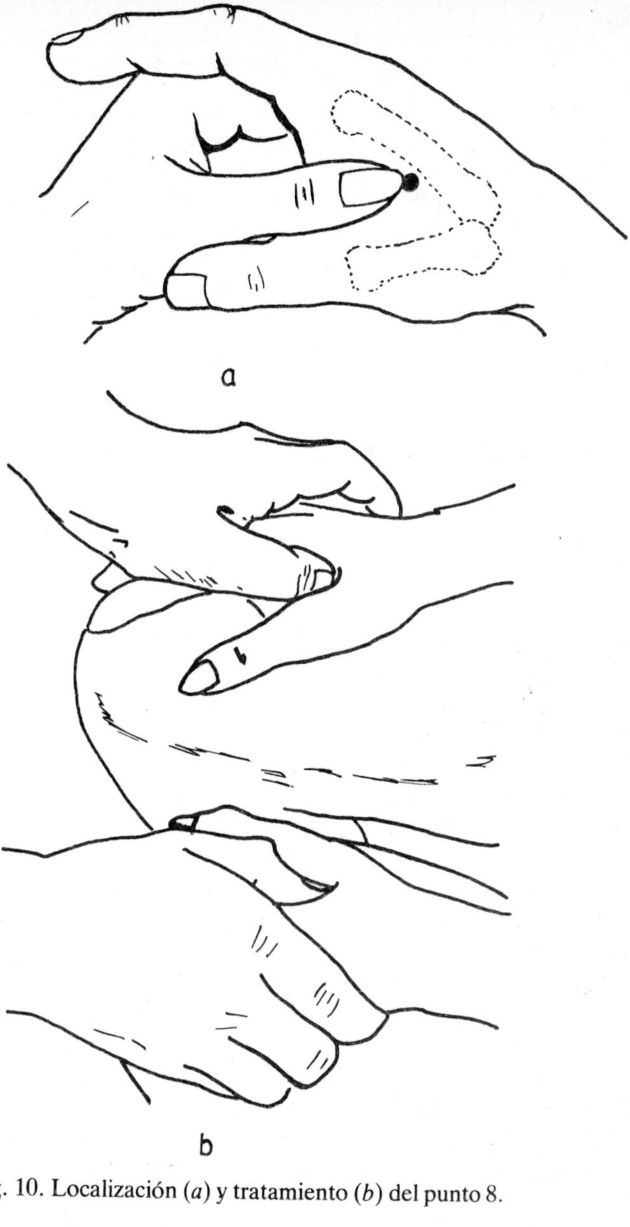

Fig. 10. Localización (*a*) y tratamiento (*b*) del punto 8.

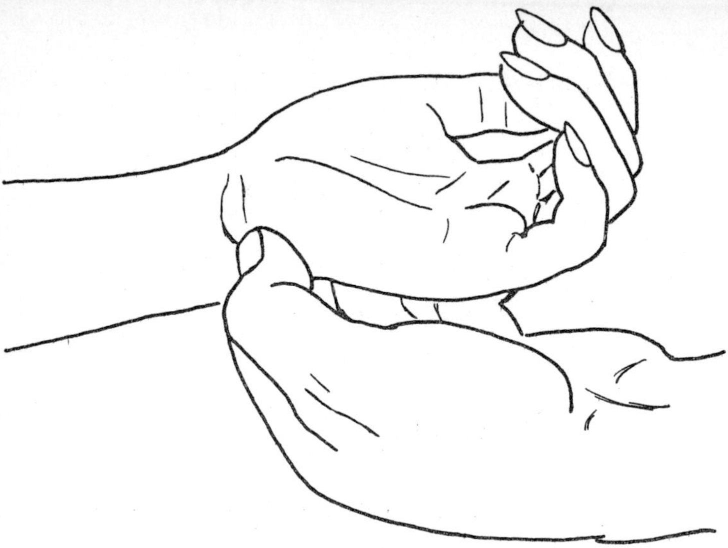

Fig. 11. Tratamiento del punto 10.

metacarpiano. Separando el índice y el pulgar se produce una ligera depresión en la zona del punto. Otra forma de localizarlo es colocando el extremo del pulgar de la otra mano sobre el espacio carnoso que separa ambos dedos (véase la figura 10). Se puede ejercer la presión por pellizco o apoyando las palmas de las manos sobre las rodillas. Se presionará con los pulgares en dirección al segundo metacarpiano.

9) Doble. En la palma de la mano, junto a la cabeza del primer metacarpiano. En el límite donde cambia de color la palma de la mano (límite entre el rojo y el blanco). Presión de pellizco, con el pulgar sobre el punto y el resto de los dedos en el dorso de la mano.

10) Doble. En el pliegue de la muñeca, en línea con el dedo meñique. Para localizarlo buscar el hueso en la base de la palma de la mano. El punto se encuentra en un pequeño hueco, que se forma en el interior de la muñeca, junto al

hueso, al doblar el puño hacia abajo. Apretar fuertemente con el pulgar.

11) Doble. Situado dos Tsun por encima del pliegue de la muñeca, entre los dos tendones. Presionar con el pulgar, verticalmente y con fuerza.

Puntos en la parte frontal del cuerpo

Todos los puntos situados en esta área deben tratarse con una presión firme, pero no tan enérgica como los anteriores. Para ello se emplearán dos o tres dedos en lugar de uno.

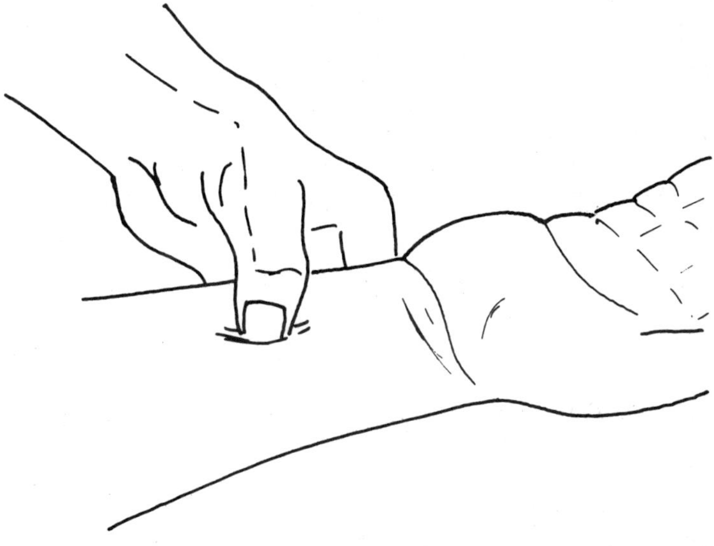

Fig. 12. Tratamiento del punto 11.

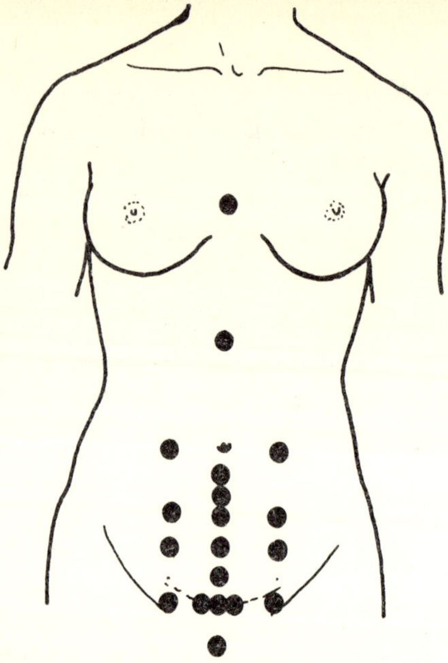

Fig. 13. Situación de los puntos en la parte frontal del cuerpo.

12) Único. En el esternón, justo en el centro de la línea que pasa por los pezones o por el cuarto espacio intercostal.

13) Único. Cuatro Tsun por encima del ombligo. La presión se ejercerá hacia dentro y hacia abajo.

14) Único. Situado a un Tsun por debajo del ombligo.

15) Único. Un Tsun y medio por debajo del ombligo. Tanto este punto como el 17, y en general el área que los une, forman la puerta de acceso a las energías vitales del organismo. Para tratar estos puntos, véanse las instrucciones que figuran en la segunda parte, las cuales deben respetarse con exactitud para que la aplicación del tratamiento no produzca un exceso de energía o deje exhausto al organismo.

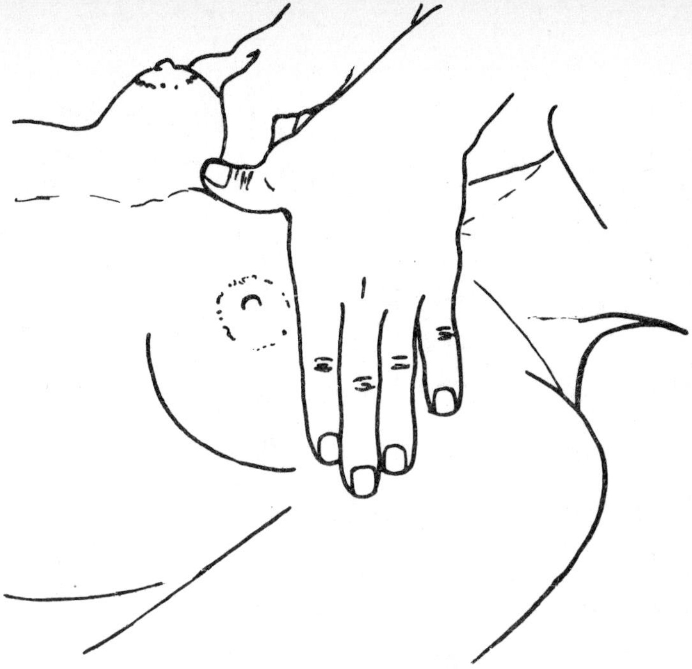

Fig. 14. Una variación del tratamiento del punto 12.

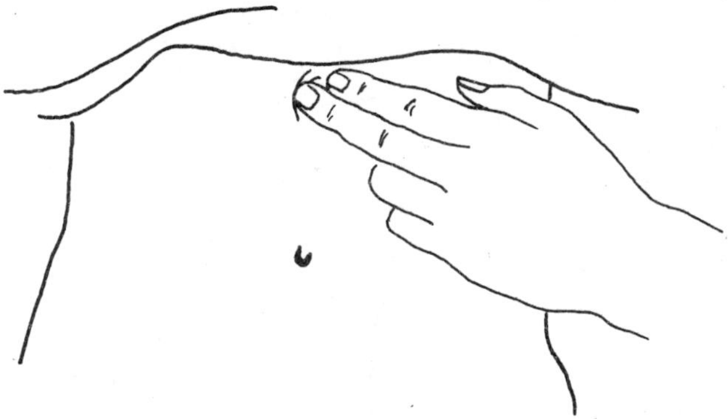

Fig. 15. Tratamiento del punto 13.

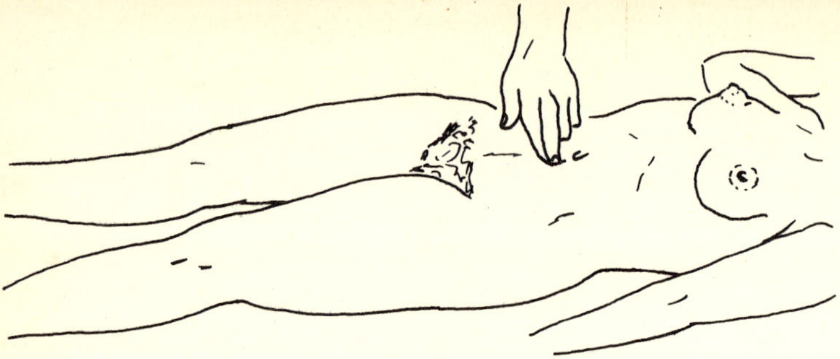

Fig. 16. Tratamiento del punto 14.

16) Único. Dos Tsun por debajo del ombligo.

17) Único. Tres Tsun por debajo del ombligo. (Véase el punto número 15.)

18) Único. Cuatro Tsun por debajo del ombligo.

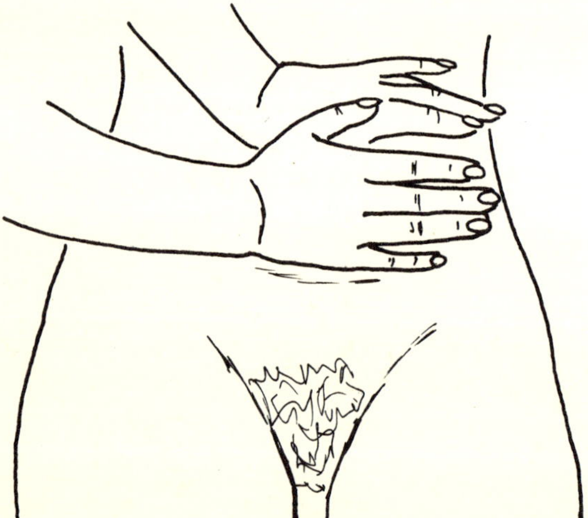

Fig. 17. Otra forma de tratar los puntos 14, 15, 16 y 17.

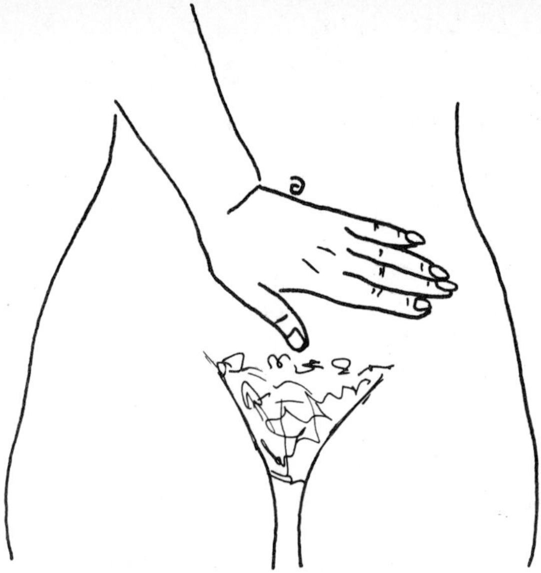

Fig. 18. Otra forma de tratar los puntos 16, 17, 18 y 19.

19) Único. Situado en línea con los anteriores, en el borde del hueso del pubis, coincidiendo en algunos casos con el inicio del vello púbico.

Todos los puntos anteriores se encuentran en la línea media de la parte frontal del cuerpo.

Fig. 19. Autotratamiento del punto 19.

20) Único. En el centro del perineo, entre los genitales y el ano.

Todos los puntos que vienen a continuación son dobles, y están situados simétricamente a la línea media.

21) Doble. A dos Tsun de distancia del ombligo y a su misma altura.

22) Doble. A dos Tsun de distancia de la línea media, debajo del punto anterior y separado del mismo por dos Tsun. Se encuentra en la misma línea horizontal que pasa por el punto 16.

23) Doble. A un Tsun por debajo del anterior y en la misma línea horizontal que pasa por el punto 17.

24) Doble. A un Tsun por debajo del anterior y situado sobre la línea horizontal que pasa por el punto número 18.

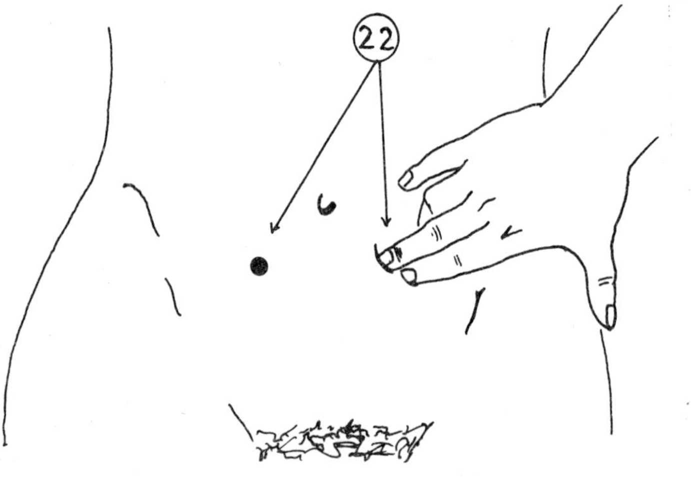

Fig. 20. Tratamiento del punto 22.

25) Doble. Un Tsun por debajo del anterior (cinco Tsun por debajo del punto 21, que se encuentra a la misma altura del ombligo). Situado sobre la horizontal que pasa por el punto número 19.

26) Doble. En el borde superior del hueso del pubis. Situado entre los puntos 19 y 25 y sobre la misma línea horizontal. Se encuentra a medio Tsun del punto 19 y a un Tsun y medio del punto 25.

Los tres mudras

Los tres puntos siguientes se diferencian de los demás en la forma de aplicar la presión. Ésta debe limitarse a un simple contacto. El conocimiento de estos puntos se alcanza después de haber pasado la primera iniciación del culto dual. Existen, en las enseñanzas que siguen a esta iniciación, toda una serie de gestos rituales que sirven para poner en contacto determinadas «puertas». Éstas son los terminales de unas «venas de energía vital» o canales por los que circula el ch'i. La unión de estos terminales permite poner en contacto las energías de una forma poco habitual, o transmitir energía de una persona a otra del sexo opuesto.

La enseñanza contenida en estos tres mudras, o gestos rituales, es por demás sencilla. Consiste en dos gestos de reorganización de energías y uno de transmisión. Los tres gestos se utilizan por separado, durante el acto sexual. Cada uno tiene su función, y no deben utilizarse al mismo tiempo ni dentro de un mismo día.

27) Doble. En el extremo de los dedos índice. Se tocará la punta de estos dedos con los pulgares de la misma mano. Se forma así un círculo. Este punto y el siguiente son de autotratamiento, por lo que no se pondrán en contacto los dedos de uno con el otro. Este gesto permite controlar y equilibrar mejor el flujo del ch'i. Hay que mantenerlo hasta el orgasmo.

28) Doble. En el extremo de los dedos medios. Se toca la punta del dedo medio con la punta del pulgar, formando un círculo. Este gesto ayuda a estabilizar la mente y a prolongar el coito.

29) Doble. En la planta del pie. Para localizarlo se doblan hacia abajo los dedos de los pies. Aparece una línea horizontal, en la que está situado el punto, aproximadamente debajo del segundo dedo del pie. Si ahora apretamos los costados del pie, aparece una línea vertical. Ésta corta a la anterior en el lugar donde se encuentra el punto. Para transmitir la energía del hombre a la mujer, hay que poner en contacto los dedos medios masculinos con los puntos de los pies femeninos. El dedo de la mano derecha con el punto del pie izquierdo, y viceversa. La corriente energética trasmitida incrementa el orgasmo femenino.

Puntos situados en las piernas

La presión se ejerce en estos puntos con fuerza y verticalmente. Sea por el sistema de la pinza, cuando la pierna lo permite, o por presión sobre la misma apoyada en una superficie o doblada y con el pie apoyado en el suelo.

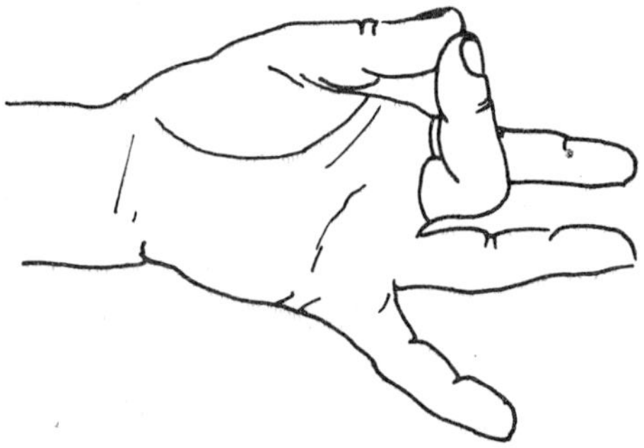

Fig. 21. La conexión del punto 28.

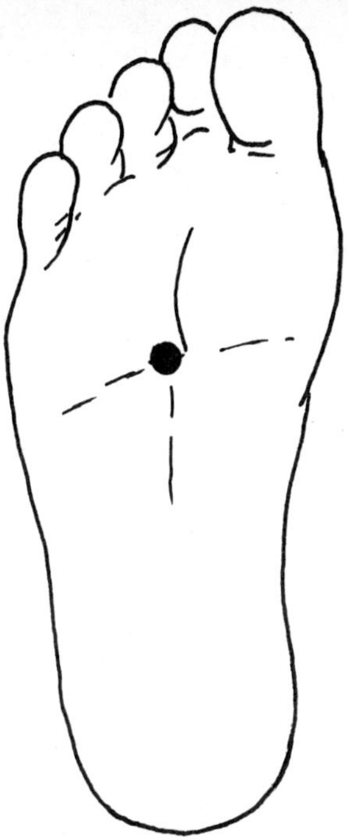

Fig. 22. La situación del punto 29.

30) Doble. Dos Tsun por debajo del pliegue de la ingle. Un Tsun por debajo del lugar donde se siente el latido de la arteria femoral, en la cara interna del muslo. Presión con el pulgar. Este punto se localiza mejor en la persona echada.

31) Doble. Si se sientan ambos adeptos frente a frente, al apoyar las manos en las rodillas del otro el punto se encuentra en el extremo del pulgar. El centro de la palma coincidirá con la rótula. Presión con el pulgar.

32) Doble. Si se mantiene la postura anterior, el punto se encuentra en el hueco formado en el extremo del pliegue in-

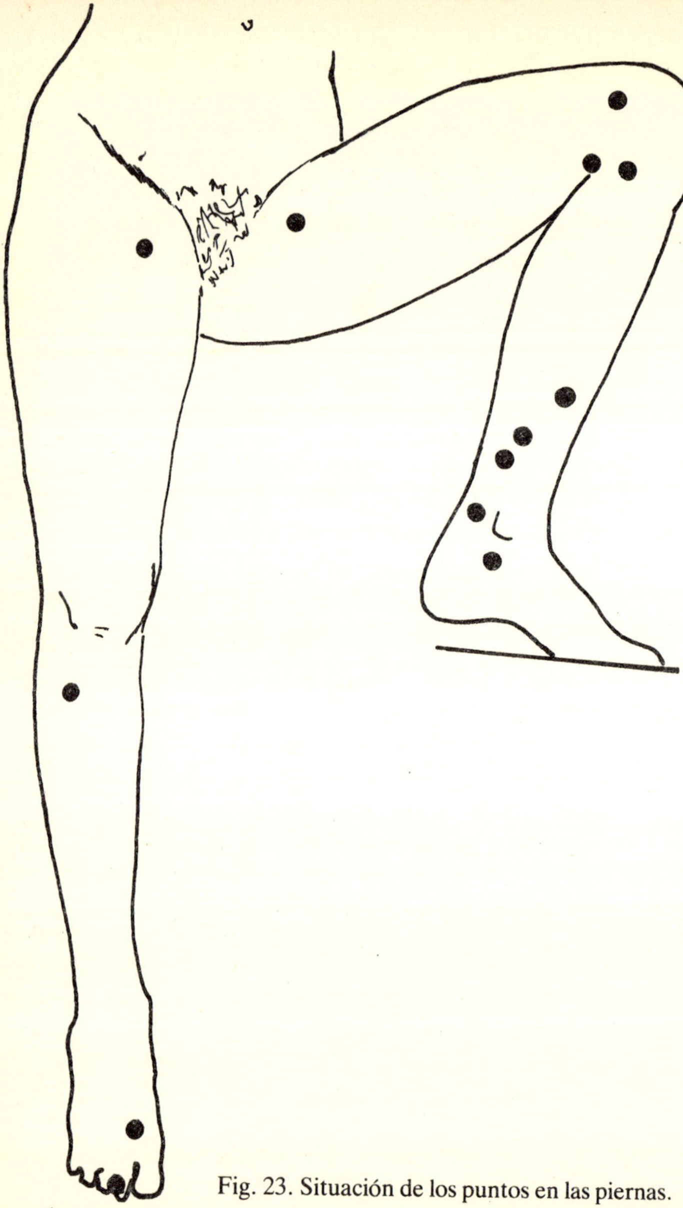

Fig. 23. Situación de los puntos en las piernas.

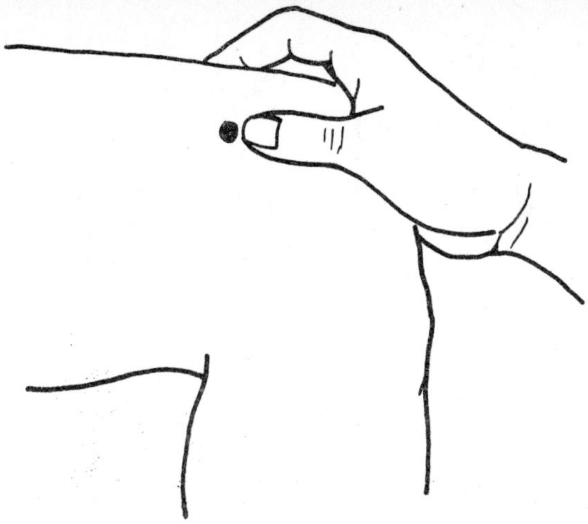

Fig. 24. Localización del punto 31.

terior de flexión de la rodilla, en el borde del tendón. Presión con el pulgar.

33) Doble. Situado en un hueco debajo de la cabeza de la tibia. Presión con el pulgar.

34) Doble. Tres Tsun por debajo del ojo externo de la ró-

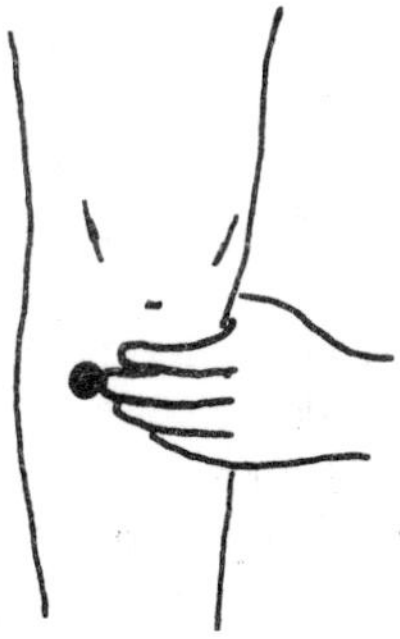

Fig. 25. Localización del punto 34.

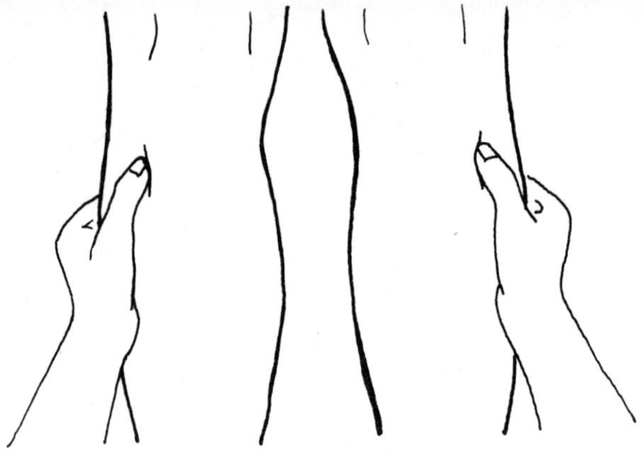

Fig. 26. Tratamiento del punto 34.

tula y el ancho de un dedo hacia afuera. Para localizarlo en uno mismo hay que sentarse y luego abrazar la pierna, por debajo de la rodilla, con la otra mano. El pulgar se encontrará detrás de la rodilla, la punta del dedo medio pasará por encima de la espinilla hacia el exterior, apoyándose justo encima del punto. Presión con el pulgar o con el dedo medio en el caso del automasaje. Si se aplica a nuestra pareja, abarcaremos la pantorrilla con todos los dedos, para realizar más fuerza con el pulgar.

35) Doble. Situado a cinco Tsun por encima del borde interior del hueso del tobillo. Presión con el pulgar, aferrando, como en el caso anterior, la piernas con las manos para incrementar la fuerza del pulgar.

36) Doble. Tres Tsun por encima del hueso del tobillo, en el borde posterior de la tibia. Para localizarlo, se sitúa el dedo meñique en el punto más elevado del hueso del tobillo. El punto se encuentra en el lugar en que se cruzan el borde superior del dedo índice y el borde posterior de la tibia. Presionar con los pulgares, de la misma forma que en los puntos anteriores.

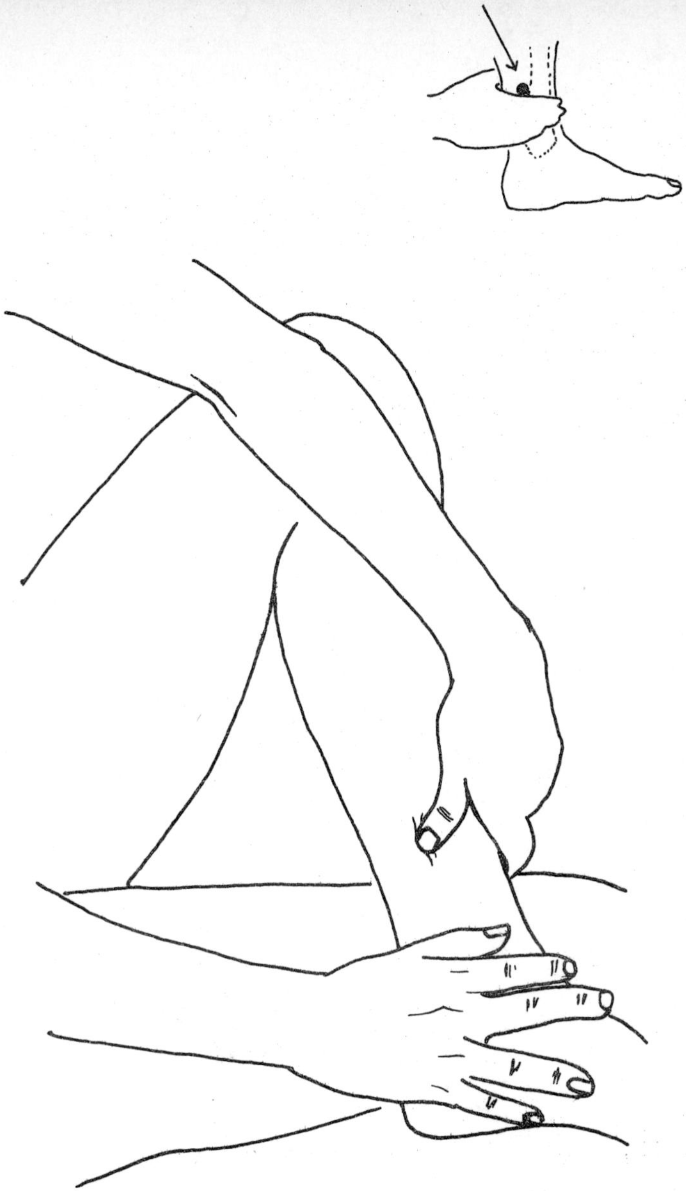

Fig. 27. Localización y autotratamiento del punto 36.

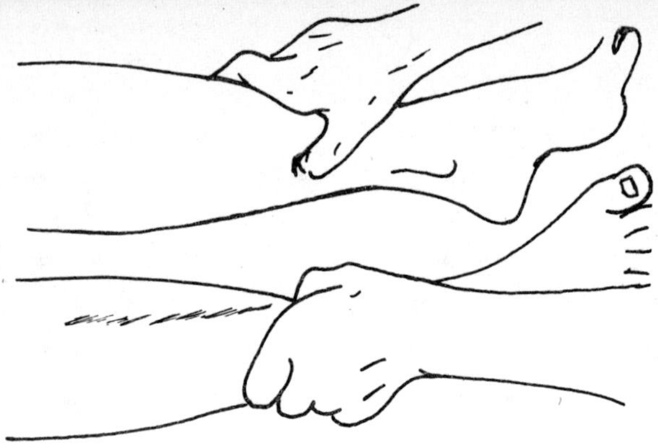

Fig. 28. Tratamiento del punto 36.

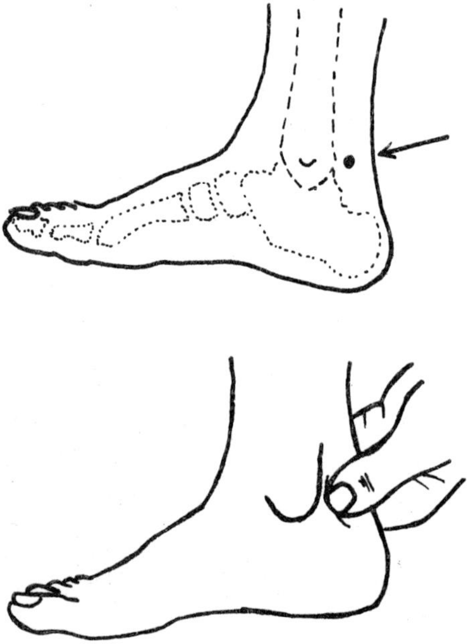

Fig. 29. Situación y tratamiento del punto 38.

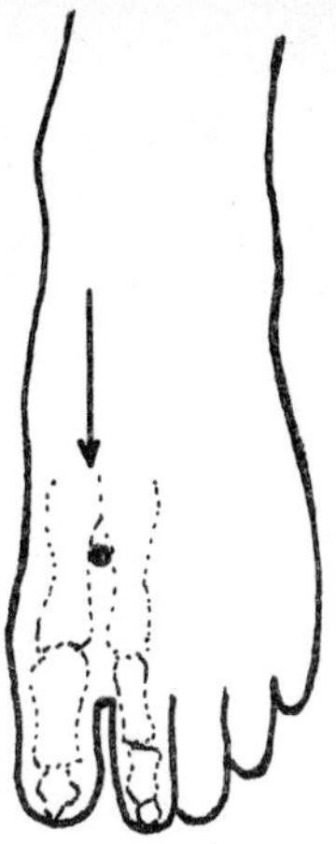

Fig. 30. Situación del punto 40.

37) Doble. Situado a un Tsun debajo y a medio Tsun detrás del punto 36. Está también situado a tres Tsun por encima del punto número 38. Presionar con el pulgar, abarcando la pierna con la mano.

38) Doble. Hacia la mitad de la línea horizontal que une el extremo del hueso del tobillo y el tendón de Aquiles. Existe un ligero latido en el lugar correcto. Presión en forma de pinza.

39) Doble. Situado en un hueco que se encuentra a un Tsun por debajo del borde inferior del tobillo. Presión en forma de pinza.

40) Doble. En el dorso del pie, entre el primer y el segundo metatarsiano. Dos Tsun por encima del espacio interdigital.

41) Doble. En el ángulo exterior de la uña del segundo dedo del pie, a unos dos milímetros de la uña. Presión en forma de pinza, con la punta del pulgar.

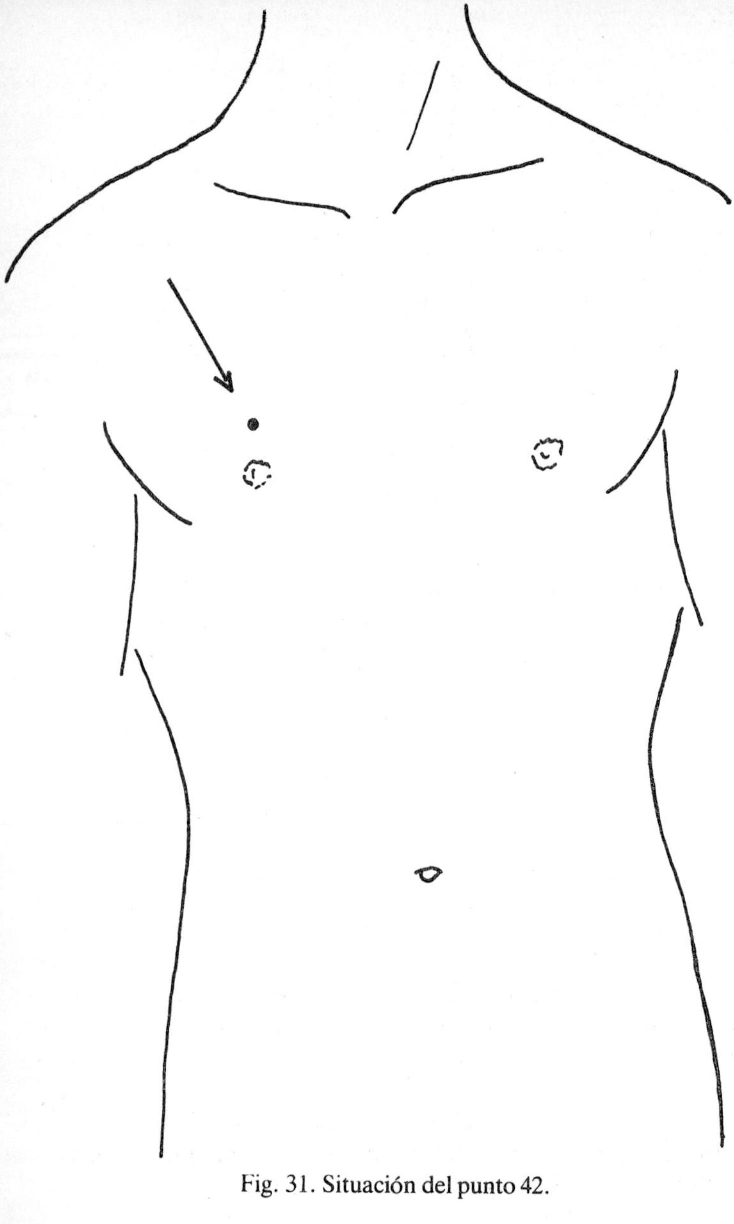

Fig. 31. Situación del punto 42.

Ping-Ai, el punto de la retención

42) Único. Punto especial que se utiliza sólo en el sexo masculino. Situado un Tsun por encima del pecho derecho. Presión en dirección vertical, fuerte, aplicada con los dedos índice y medio de la mano izquierda.

Puntos situados en la espalda

Los puntos únicos se encuentran situados sobre la línea mediana, que coincide con la columna vertebral. Los dobles, distribuidos simétricamente según líneas paralelas a la mediana. Todos, salvo indicación en contra, se tratan presionando fuertemente con los pulgares en dirección perpendicular.

43) Único. Situado en el hueco entre la séptima vértebra cervical y la primera dorsal.

44) Único. Entre la primera y la segunda vértebra dorsal.

45) Único. Entre la quinta y la sexta vértebra dorsal.

46) Doble. A tres Tsun de la línea media. Situado sobre la línea horizontal que pasa entre las vértebras dorsales segunda y tercera.

47) Doble. A tres Tsun de la línea mediana, sobre la horizontal que pasa entre las vértebras dorsales novena y décima.

48) Doble. A un Tsun y medio de la línea mediana. Sobre la línea horizontal que pasa entre las vértebras dorsales novena y décima. A la misma altura que el punto 47.

49) Doble. A un Tsun y medio de la línea mediana. Situado sobre la línea horizontal que pasa entre las vértebras dorsales décima y undécima.

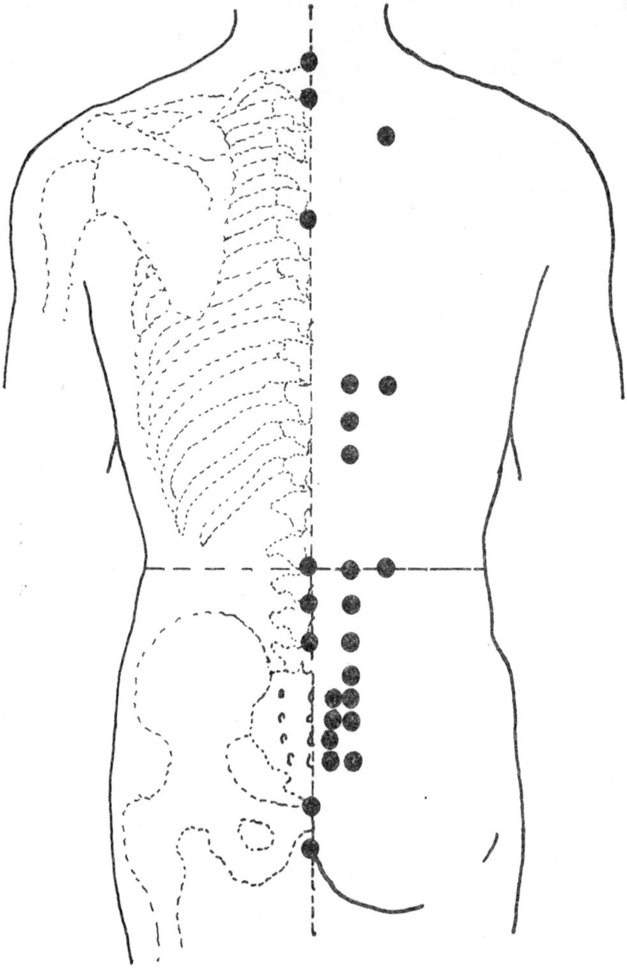

Fig. 32. Situación de los puntos en la espalda.

50) Doble. A un Tsun y medio de la línea mediana, sobre la horizontal que pasa entre las vértebras dorsales undécima y duodécima.

51) Doble. A un Tsun y medio de la línea mediana, sobre la horizontal que pasa por el ombligo (línea del cinturón), y entre las vértebras lumbares segunda y tercera.

52) Doble. A tres Tsun de la línea mediana. Situado sobre la línea cinturón que pasa por el ombligo, el punto 51 y el espacio entre las vértebras lumbares segunda y tercera.

53) Único. Situado entre las vértebras lumbares segunda y tercera. A la misma altura que los puntos dobles 51 y 52.

54) Único. Entre las vértebras lumbares tercera y cuarta.

55) Doble. A un Tsun y medio de la línea mediana, sobre la horizontal que pasa entre las vértebras lumbares tercera y cuarta, o sea por el punto 54.

56) Único. Entre las vértebras lumbares cuarta y quinta.

57) Doble. A un Tsun y medio de la línea mediana, sobre la horizontal que pasa por el punto anterior o por entre las vértebras lumbares cuarta y quinta.

58) Doble. A un Tsun y medio de la línea mediana, sobre la horizontal que pasa por debajo de la quinta vértebra lumbar.

59) Doble. A un Tsun y medio de la línea mediana, sobre la horizontal que pasa por el primer foramen (hueco), del sacro, en un surco vertical que se percibe al tacto.

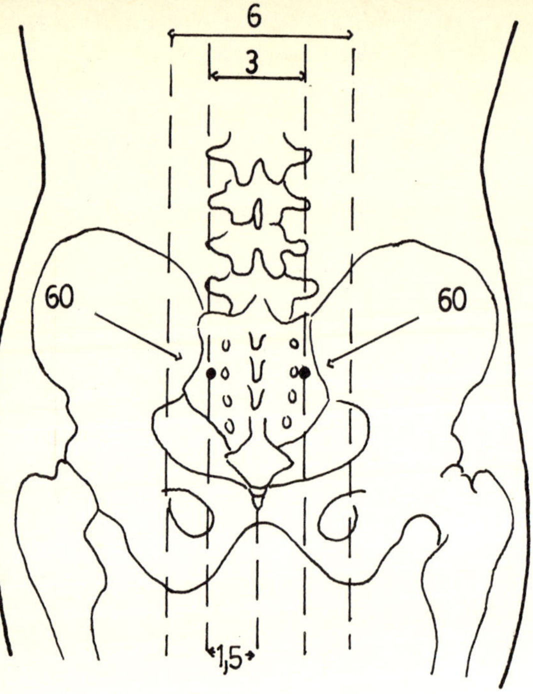

Fig. 33. Situación del punto 60.

60) Doble. A un Tsun y medio de la línea mediana, sobre la horizontal que pasa por el segundo foramen del sacro, en un surco vertical que se percibe al tacto.

61) Doble. A un Tsun y medio de la línea mediana, sobre la línea horizontal que pasa por el cuarto foramen del sacro.

62) Doble. En el primer foramen del sacro.

63) Doble. En el segundo foramen del sacro.

64) Doble. En el tercer foramen del sacro.

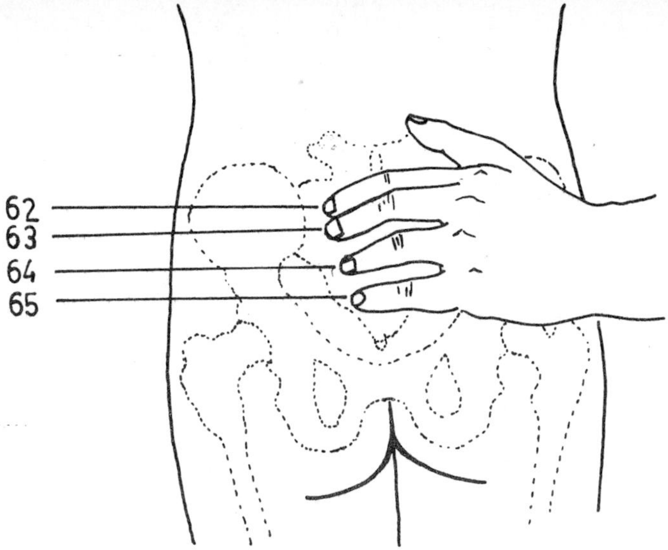

Fig. 34. Localización de los puntos 62, 63, 64 y 65.

65. Doble. En el cuarto foramen del sacro.

Para localizar los puntos 62, 63, 64 y 65 se puede proceder del siguiente modo: Colocar la punta del dedo índice a medio camino entre el punto 59 y la línea mediana. La punta del dedo meñique se apoyará sobre la base del coxis. Situando los dedos intermedios a intervalos iguales entre sí, la punta de cada dedo estará situada sobre cada uno de estos cuatro puntos.

66) Único. En la línea mediana, en la unión del sacro y el coxis.

67) Único. En la línea mediana. En el hueco situado entre la punta del coxis y el ano. Utilizar dos dedos para ejercer presión en esta área.

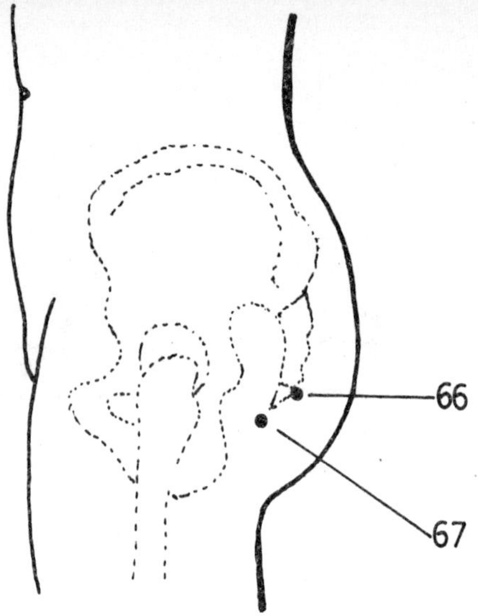

Fig. 35. Localización de los puntos 66 y 67.

Los tableros secretos

Según hemos podido ver en la clasificación anterior, los puntos del tronco se encuentran distribuidos entre la espalda y la parte frontal del cuerpo. Esta distribución adopta una forma específica, determinada por una serie de pautas. Siguiéndolas, podremos reunir los puntos entre sí por medio de líneas rectas, y de esta forma obtendremos unos entramados o figuras características. El aspecto de estas figuras hizo que los antiguos, por analogía, las llamaran «tableros», denominando «tablero yang» al situado en la espalda y «tablero yin» al de la parte frontal. Estos nombres han servido siempre no sólo para distinguir ambos tableros sino también para destacar el tipo de energía que circula por cada uno de ellos. Existe un gran número de pares de tableros, tantos como clases de desequilibrios energéticos. Sin embargo, los que se utilizan en relación con el cultivo dual se distinguen con facilidad de los otros.

Esto se debe al trazado más denso de la parte inferior del dibujo, detalle característico de estos tableros.

Algunos tableros son extremadamente complejos. Otros son tan sencillos que constan apenas de algunas cuadrículas. Pero todos se construyen según unas mismas normas. Estas normas, al aplicarse a la solución de un determinado problema, constituyen una ley de formación, la cual corresponde a aquel problema concreto. Aplicando esta ley podremos construir los tableros. Lo único que necesitaremos es conocer la situación de un pequeño grupo de puntos. E incluso nos bastaría con saber la situación de uno solo. A partir de esta base tan reducida se pueden construir los dos tableros. En ellos se hallan representados todos los puntos que sirven para corregir aquel desequilibrio energético. Sólo nos quedará escoger en los tableros el «juego», es decir, la serie de puntos que se considere más adecuada, según la persona que debamos tratar.

No todos los puntos de una serie se encuentran en los tableros. Muy a menudo un tratamiento puede aplicarse con puntos situados en la cabeza o en las extremidades. En ocasiones, incluso, puede sustituirse una serie de tableros por otra serie situada en las extremidades. Esto depende de los maestros. En general, estos puntos exteriores se consideran como una ramificación de los tableros, y la misma ley que construye el tablero sirve para localizarlos. A estos puntos se les llama «puntos lejanos».

Las *normas* son las reglas que sirven para deducir las leyes de construcción de los tableros. Conociendo estas reglas, se puede construir cualquiera de ellos y, por lo tanto, localizar todos los puntos que necesitemos. Existe un secreto sobre el origen de las normas, secreto que estoy autorizada a revelar. (No ocurre lo mismo con los sistemas de aplicación de las normas, que sólo son accesibles a los iniciados de tercer grado, por lo que no los revelaré aquí.)

Las reglas que constituyen las normas son las mismas por las que se organizan y distribuyen las puertas del cielo, es decir, las estrellas. Del mismo modo que las estrellas comunican unos universos con otros, los «huecos», o puntos, son las

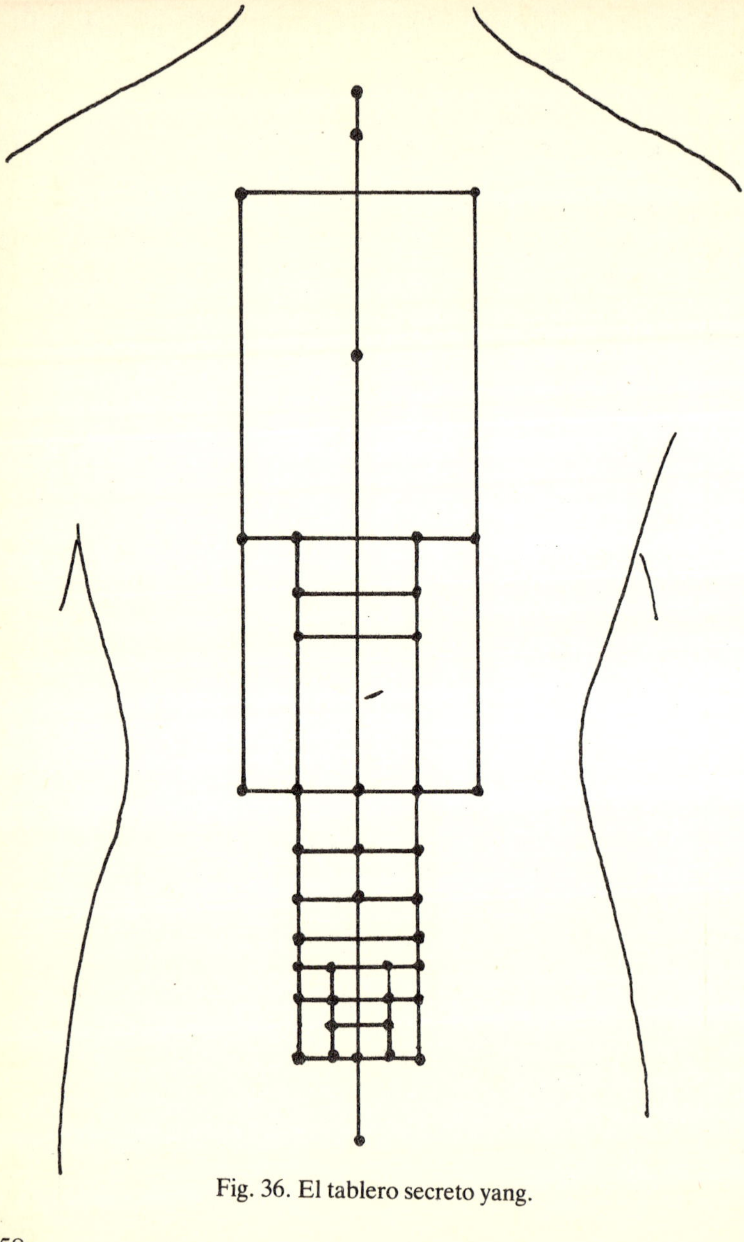

Fig. 36. El tablero secreto yang.

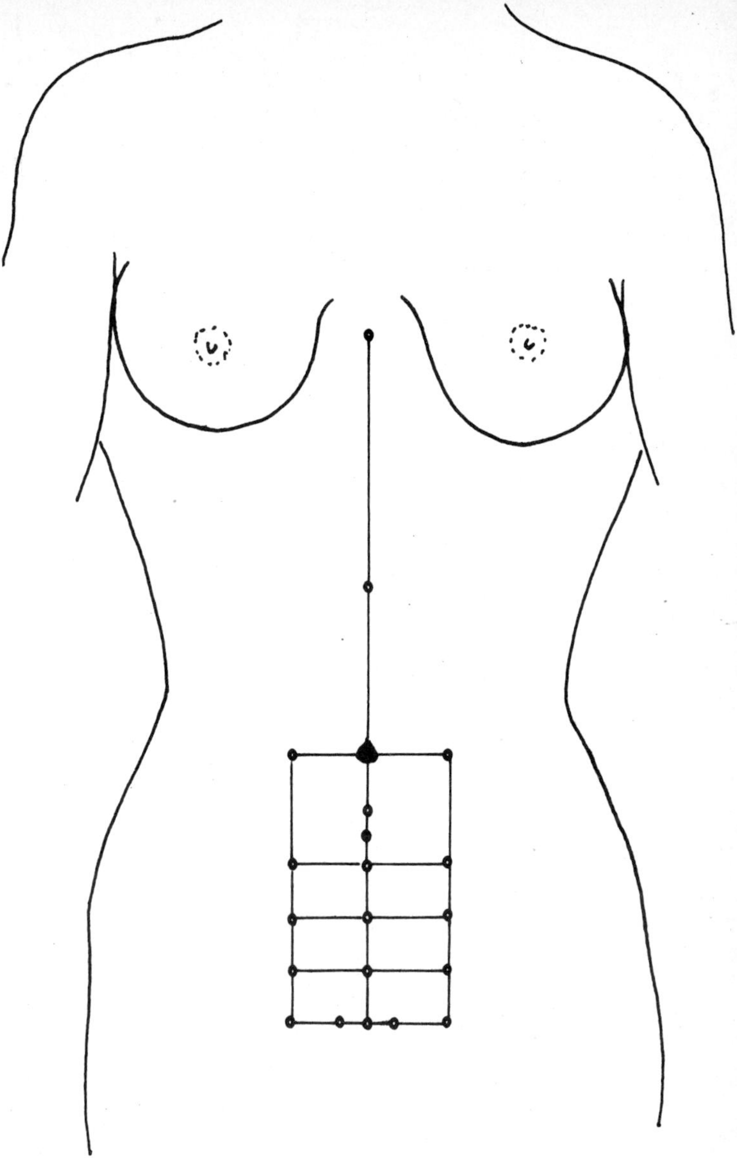

Fig. 37. El tablero secreto yin.

puertas de comunicación de nuestras energías vitales con las del universo que nos rodea. De esta forma, el que conoce las reglas por las que se organizan los cielos conoce también las normas que son la respuesta de la tierra, e infiere las de los seres que la habitan. Tal y como se distribuyen las estrellas, así se distribuyen los puntos. Por eso, nuestro destino indicado por las estrellas[5] será la pauta de los puntos que hay que escoger para la aplicación de un tratamiento.

Creo que estas indicaciones serán suficiente guía para todos los que deseen iniciar el camino del conocimiento.

5. Se refiere a la astrología. *(Nota del Editor.)*

Técnicas de manipulación

Cuando el neófito conozca y sepa localizar los puntos, el siguiente paso será la aplicación de las diversas técnicas que le permitirán poner en funcionamiento las energías vitales.

Los siete principios básicos

La aplicación de las técnicas de presión requiere en primer lugar atenerse a una serie de principios, que los maestros de la tradición han llamado «los siete principios básicos».

La mayor parte de estos principios no tiene nada de esotérico, y cualquier persona con sentido común comprenderá lo necesario de su aplicación. A continuación se enumeran los siete principios, para pasar después a detallarlos.[6]

6. Con el objeto de facilitar la lectura, se ha resumido la exposición de cada principio. *(Nota del Editor.)*

Primer principio: Se respetarán las prohibiciones impuestas por la tradición.

Segundo principio: El neófito se limitará a los puntos indicados en la aplicación, sin añadir ni quitar ninguno.

Tercer principio: No se intentarán resolver problemas graves que sean de la competencia del médico.

Cuarto principio: Sólo se efectuará un tratamiento cada vez, y no se volverá a realizar el mismo u otro hasta pasado un día completo.

Quinto principio: No se terminará un tratamiento de larga duración si no se observan efectos positivos después de tratar los primeros tres puntos.

Sexto principio: Se respetarán las indicaciones sobre la forma de tratar cada punto.

Séptimo principio: Se evitará tratar determinadas zonas del cuerpo.

1. Las prohibiciones impuestas por la tradición son la experiencia acumulada a través de los siglos por los mejores maestros. Por ello es importante conocerlas a fondo.

Los maestros taoístas han ido aportando, durante siglos, toda una serie de reglas, producto de sus experiencias directas. Una de las reglas más antiguas dice así: «Aquel al que se aplique el tratamiento, debe verse libre de cualquier clase de excitación. No estará bajo los efectos del alcohol ni del temor. Las fuerzas del cielo y de la tierra se encontrarán en calma. Sólo entonces se intentará recuperar el equilibrio del flujo del Ch'i».

Todas estas reglas o prohibiciones persiguen un mismo fin: conseguir que la aplicación del tratamiento tenga éxito y evitar cualquier efecto contraproducente. Con este fin, los tratados clásicos suelen ir acompañados de un cuadro de impedimentos o prohibiciones, como el que resumimos a continuación.

Prohibiciones relativas a las personas. No se aplicará ningún tratamiento:

A las mujeres embarazadas.

A los que padezcan una enfermedad grave o crónica, sea artritis, cataratas, tumores, cáncer o enfermedades que afecten al corazón, pulmones, hígado o riñones.

A los que tengan fiebre.

A los que padezcan de reuma o enfermedad de la piel o tengan algún hueso roto.

A los que toman medicinas a diario.

A los que se tratan por baños termales.[7]

Se aplicará tratamiento, pero respetando unos espacios de tiempo para que exista recuperación y nunca se aplicará el tratamiento inmediatamente antes.

Se esperará el tiempo suficiente para que se recuperen:

Quien se encuentre sujeto a un acceso de furor, acabe de pasar una emoción violenta o se encuentre en un estado eminentemente emocional, de sufrimiento, o de agitación extrema con arritmia cardiaca.

Quien se halle sometido al miedo, a la tensión o al alcohol.

Quien acabe de realizar un ejercicio violento, o esté muy acalorado, sudando copiosamente. En general, el que se encuentre en un estado de agotamiento o gran debilidad, y quien haya realizado un esfuerzo agotador, mental o físico.[8]

Se esperará hasta cuatro horas si la persona se encuentra bebida o intoxicada. O si ha tomado algún medicamento, aunque sean hierbas medicinales.[9]

Se esperarán hasta dos horas después de haber ingerido una comida muy copiosa (algunos maestros opinan que es mejor esperar hasta cuatro horas).

Se esperará media hora después de haber comido ligeramente o haber tomado un baño caliente. Si la persona a la

7. Los maestros contemporáneos coinciden en que no se realicen aplicaciones a quien en los últimos meses haya sufrido un tratamiento de radioterapia o de rayos X. *(Nota del Editor.)*

8. También hay que esperar a que se recuperen las personas que hayan realizado un viaje en avión, con cambios en los husos horarios. *(Nota del Editor.)*

9. O una simple aspirina. *(Nota del Editor.)*

que debemos aplicar el tratamiento se encuentra hambrienta, deberá comer algo, respetando entonces la media hora de pausa. No conviene tratar a una persona con el estómago vacío.

Prohibiciones relativas a las fuerzas naturales. En cuanto a la situación del cielo: Se evitará aplicar presión en los puntos durante las grandes perturbaciones atmosféricas, tempestades, tormentas, granizo o fuertes vientos. Cuando existan fuertes cambios de temperatura o durante temperaturas extremas, con excesos de calor o de frío. Cuando caigan lluvias extremadamente fuertes.

Durante la luna llena o durante un eclipse y si se está viviendo a la orilla del mar, durante la marea alta.

En cuanto a la situación de la tierra: Existen tres lugares en los que no debemos aplicar un tratamiento, para no vernos afectados por las energías negativas de la tierra.

El área en la que se está produciendo o acaba de producirse un terremoto o una erupción volcánica. Ambos fenómenos producen bruscos cambios en las energías terrestres.

Las inmediaciones de los lugares sagrados, ya que en ellos se cruzan corrientes telúricas.

Los pozos o lugares similares —como los cuartos de baño— debido al fuerte flujo de energías negativas.

En estos lugares debemos evitar abrir las puertas de nuestro cuerpo a estos influjos negativos; sólo así nos veremos libres de desequilibrios energéticos graves. Es preferible posponer un tratamiento que efectuarlo en estas condiciones.

Todas estas prohibiciones, relacionadas con las fuerzas naturales, son consideradas también como impedimentos para la realización del acto sexual. Los que acepten estas prohibiciones, relacionadas con el cielo y la tierra, verán incrementarse sus fuerzas, y aunque no dominen el arte dual, se recuperarán antes de sus pérdidas energéticas.

2. El neófito se limitará a los puntos indicados. De esta forma evitará que, experimentando sin control, presione por azar

alguno de los veinticuatro puntos prohibidos. La presión en uno de estos puntos puede llegar a causar graves desequilibrios, que en ocasiones llegarían a la parálisis e incluso a la muerte. Por eso se insiste en la necesidad de ejercer la presión en las áreas citadas, que son seguras aunque el neófito no sepa localizar exactamente el punto.

3. No se tratarán aquellos problemas que escapan a los conocimientos del neófito o que son clara competencia del médico. Además de los casos graves, que se citan en las prohibiciones tradicionales, existen los casos propios de cada tratado. Aquí, como es lógico, los problemas graves serían aquellos casos sexuales que apartan al neófito del culto dual. En estos casos la presión puede aliviar pero no curar, como ocurre en una impotencia primaria o en determinados casos de frigidez. La carencia de resultados, después de una aplicación correcta del tratamiento, aconseja ponerse en contacto con el médico experto que pueda solucionar el problema.

4. Uno de los errores que suele cometer el neófito, es la repetición del tratamiento, o la aplicación de otro distinto, sin dejar que transcurra un día completo. Con este acto se perjudica no sólo al que recibe el tratamiento, sino también, aunque en menor medida, al que lo aplica. Esto es fácil de comprender si conocemos el proceso que sigue a un tratamiento. Actuando sobre los puntos, producimos un mejoramiento del equilibrio energético del organismo. Sin embargo, para que los centros de control asimilen el cambio y lo acepten, debe transcurrir un período de tiempo no inferior a un día entero. De esta forma, al repetirse el tratamiento al día siguiente, se afirma una pauta de equilibrio energético que permite conseguir unos resultados de larga duración. El no saber esperar el tiempo mínimo suficiente, produce en el organismo un estado de confusión que conduce a un desequilibrio aún mayor del que ya existía. Esto es un claro perjuicio para el que recibe el tratamiento, e incluso para el que lo aplica. No olvidemos que ambos se mantienen en contacto energético mientras dura el tratamiento.

Por otra parte, en la relación sexual —que se produce a continuación del tratamiento— el neófito llega habitualmente a la eyaculación, con lo que se produce una pérdida notable de energía, pérdida que ni los más jóvenes pueden permitirse más de una vez al día. Por esta misma razón, no se aplicará un tratamiento después del coito, aunque sea el primer tratamiento en veinticuatro horas.

5. La misma lógica nos aconseja abandonar un tratamiento que no empieza a dar resultados después de los primeros tres puntos. Por supuesto, no es aconsejable seguir reorganizando nuestra energía vital según una pauta que en nada nos beneficia. No olvidemos que la reacción producida por la mayoría de los puntos es instantánea, siempre que el tratamiento sea el adecuado.

6. La necesidad de respetar al pie de la letra las indicaciones sobre la forma de tratar cada punto es evidente, sobre todo teniendo en cuenta lo señalado en el segundo principio. Sólo los maestros están capacitados para introducir variaciones en la forma de aplicar los tratamientos.

7. El último principio nos lleva a considerar la necesidad de evitar presionar determinadas áreas del cuerpo humano. Si el punto que debemos tratar se encuentra en una de estas zonas, será mejor escoger otro tratamiento que no lo incluya.

Existen diversas razones para evitar determinadas áreas del cuerpo humano. Las dos más importantes son las que consideran el estado de la piel y la necesidad de no presionar determinados órganos.

El estado de la piel puede ser temporal, como en el caso de una dermatosis. Bastará entonces con esperar a que pase el estado de inflamación, o la contusión, para aplicar el tratamiento. Una pequeña herida, que no deje cicatriz, permitirá tratar el punto una vez se haya curado. Pero si existe un lunar, una cicatriz o una vena varicosa, no deberá ejercerse presión ni encima ni en la proximidad inmediata.

Tampoco debe ejercerse presión sobre los pechos femeninos. Por lo tanto, no se intentará presionar el punto Ping-Ai (número 42) en una mujer. De hecho, este punto se utiliza para retrasar o evitar la eyaculación, por lo que sólo se trata en los varones; en general suele autotratarse.

La preparación previa a las aplicaciones

En toda aplicación existen dos polos. Uno activo que realiza la presión y otro pasivo que recibe esta presión. El polo pasivo recibe presión y energía a través de los puntos. El polo activo transmite presión y energía a través del cuerpo, en especial a través de las manos y de los dedos. En la preparación previa tendremos en cuenta a quien aplica el tratamiento y a quien lo recibe. Pero no olvidemos el cuidado específico que requieren las manos, su cuidado, fortalecimiento y preparación energética.

Cualidades de quien aplica el tratamiento

Para que los resultados sean más eficaces, la persona que aplique la presión deberá encontrarse relajada y serena. Concentrándose en lo que hace, se sentirá más segura de sí misma y transmitirá esta seguridad a su pareja. Conviene que la persona que aplique la presión sea quien tenga un mejor equilibrio energético de los dos. Sobre todo si tiene que efectuar un tratamiento de impotencia o frigidez. Por supuesto, si no existen problemas en ninguno de los dos, o si éstos son complementarios, los dos podrán tratarse mutuamente.

La ausencia de problemas indica una relación en la que no existen fallos por eyaculación precoz, impotencia o frigidez. En estos casos el tratamiento se dirigirá a la estimulación erótica, incrementando el nivel de la relación posterior. También se puede dirigir para eliminar la fatiga. Si existen problemas, éstos se complementarán cuando el elemento femenino de la pareja necesite un tratamiento de estimulación o de solución para la frigidez, y el masculino necesite tratar la eyaculación precoz o la impotencia.

Si una de las personas no tiene problemas, será la única que aplicará el tratamiento a la otra, pero nunca recibirá a su vez la presión. En muchos casos, la situación de los puntos facilita el autotratamiento, pero es aconsejable que sea la pareja quien aplique la presión.

El estado de debilidad descalifica para aplicar cualquier tratamiento.

Actitud de la persona que recibe el tratamiento

Si en el caso anterior la persona que aplicaba el tratamiento debía estar relajada y atenta a su actividad, en este caso la que recibe el tratamiento deberá además adoptar una actitud de receptividad absoluta. Su única contribución será adoptar una actitud pasiva. Esta pasividad permite no sólo una mejor localización de los puntos, sino también una mejor recepción de la energía vital transmitida. La actitud pasiva y relajada permite evitar que se forme la típica «coraza» muscular, que dificulta la localización de los puntos. Por otra parte, la actitud yang del que aplica el tratamiento se complementará con la pasividad yin del que lo recibe, creándose así una relación a nivel emocional, que incrementará los resultados finales. La actitud de confianza en los resultados es también muy positiva, y permite mejorar el nivel de la aplicación. Si el tratamiento se aplica de una forma correcta, el que lo reciba se beneficiará de los resultados aunque su actitud fuese en principio indiferente o incluso escéptica.

La respiración regular y tranquila, acompañada de un medio ambiente a temperatura agradable, ayudarán a conseguir una actitud relajada. Cuando se va a recibir un tratamiento, en especial si es el primero, conviene haber tomado un baño caliente una media hora antes. La mejor posición para recibir un tratamiento, suele ser echado. Se tiene que evitar pasar frío, y no sólo porque se forma una coraza muscular, sino también por las consecuencias negativas desde el punto de vista energético. Por lo tanto vale más estar medio vestido, que pasar frío.[10]

10. Es importante que la ropa sea de fibras naturales, como el algodón, ya que las fibras sintéticas perjudican el flujo de la energía vital. *(Nota del Editor.)*

Un último consejo, dirigidc al que aplica el tratamiento: Para comprobar si existe un estado de relajación, hay que medir la relación existente entre respiración y latidos del corazón. Basta con tomar el pulso y observar el ritmo respiratorio. La relación que marca un estado relajado es la de 1 a 5, es decir, cinco latidos por una respiración completa.

La preparación de las manos

Cualquier tipo de masaje implica unas premisas mínimas sobre el estado de las manos de quien lo aplica. Los tratamientos de presión no sólo aceptan estas premisas sino que las amplian con diversos ejercicios.

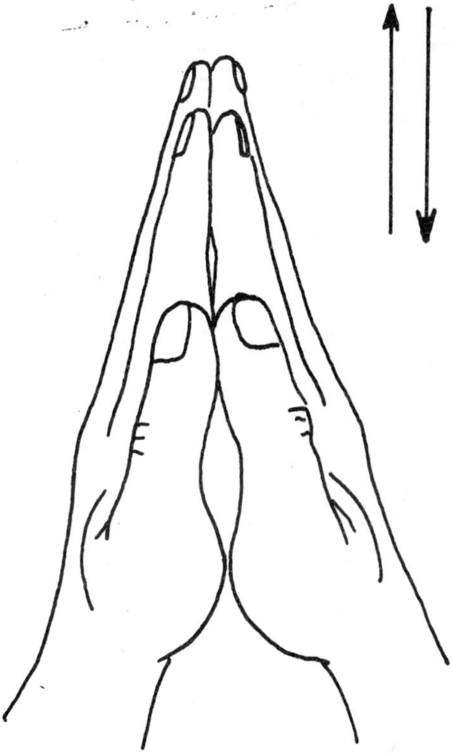

Fig. 38-a. Primer ejercicio de la preparación de las manos.

Las manos deben estar calientes y secas, procurando que las uñas se encuentren bien recortadas. Se practicará además algún ejercicio con objeto de fortalecer las manos.

Aparte de estas normas básicas, también es muy importante incrementar el flujo energético en las manos. A este fin se indican a continuación dos ejercicios.

Primer ejercicio. Consiste simplemente en frotarse las manos. Para ello se mantendrán frente al rostro (fig. 38-a). Las palmas unidas y los codos levantados, con la punta de los dedos a la altura de los ojos. Se frotarán las manos sin doblarlas y sin perder el contacto entre ambas. El movimiento será vertical y de arriba abajo. Se acelerará el movimiento de frotación, para detenerlo a los veinte segundos. Las palmas continuarán juntas unos segundos, concentrando los pensamientos en la intensa sensación de calor generada. Se repetirá dos veces el ejercicio, pudiéndose iniciar a continuación el tratamiento.

Segundo ejercicio. Para incrementar la energía vital a un nivel superior, este movimiento se realiza a continuación del primero. Es un ejercicio de respiración y visualización, de gran sencillez y eficacia.

Se vuelven a colocar las manos juntas como en el ejercicio anterior. Con los ojos semicerrados, se concentrará la visión en la punta de los dedos. Se expulsará al máximo el aire de los pulmones. Para ello se soplará por la boca, como si se estuviese tocando un instrumento musical. A continuación se cerrará la boca, lo que hará que, de una forma automática, se produzca una inhalación de aire por la nariz. Se continuará respirando de forma acompasada, regular y reposada. Cada vez que se aspire, hay que imaginar que el aire llega a la nariz a través de las palmas de las manos, las cuales se mantendrán juntas. Al expulsar el aire se deberá imaginar que éste pasa entre las palmas de las manos. Pero esta vez entrará por la base de las manos y saldrá por la punta de los dedos (véase fig. 38-b).

Este tipo de respiración contribuye a la relajación de todo el

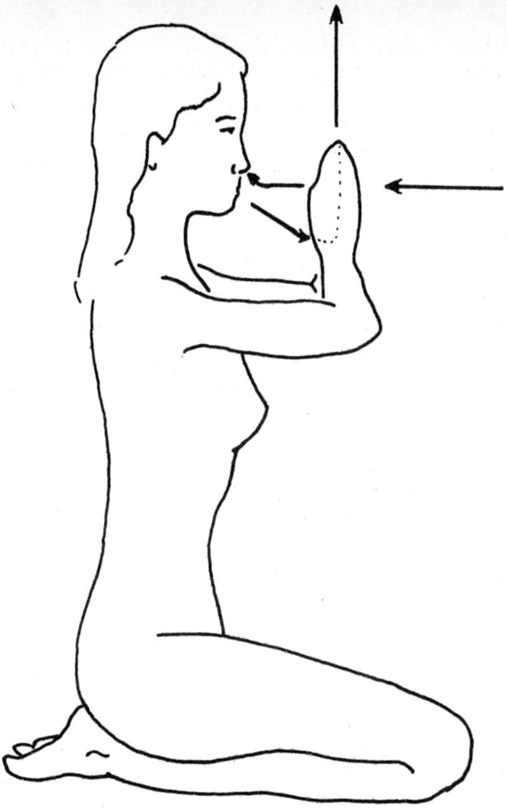

Fig. 38-b. Segundo ejercicio de la preparación de las manos.

organismo e incrementa la energía vital acumulada durante el ejercicio anterior. Si se practica durante unos quince minutos, se llega a percibir la vibración de la energía en las manos. Pero incluso practicado durante menos tiempo, permite aplicar el tratamiento de presión con buenos resultados.

La práctica del primero de estos ejercicios es suficiente para empezar un tratamiento, aunque es mejor realizar los dos antes de cada aplicación, de cara a una mejor transmisión energética.

El dominio de estos ejercicios no invalida la necesidad de

que se deban fortalecer las manos. Para tratar un solo punto no es necesaria mucha fuerza, pero un tratamiento más largo necesita unas manos resistentes. Para conseguir fuerza y resistencia en las manos existe un antiguo ejercicio chino que deberá practicarse tres veces al día, en momentos distintos de los otros dos.

Tercer ejercicio. El nombre de este ejercicio es el de «zarpazo del tigre» y se realiza extendiendo el brazo izquierdo hacia delante, tomando aire con la mano entreabierta y cerrándola inmediatamente, como si se hubiese atrapado una presa invisible. Se llevará entonces el puño cerrado a la cintura, como arrastrando la presa hacia uno mismo. Se repite el movimiento con la mano derecha. Tres repeticiones con ambas manos no requerirán más de dos segundos. Un ejercicio completo estará compuesto por treinta repeticiones.

Los que practiquen y dominen los tres ejercicios estarán bien preparados para realizar las aplicaciones descritas en la segunda parte de esta obra, sobre todo si conocen además la forma de abrir y cerrar los puntos y las siete técnicas de manipulación que serán descritas más adelante.

Tonificar o dispersar las energías

Cuando se actúa sobre los puntos, no debemos olvidar que éstos son nuestras puertas de comunicación con el Tao. Por lo tanto, deberemos conocer el sistema de abrir estas puertas, para así recuperar el equilibrio energético al ponernos en contacto con el gran Todo.

Al existir diversos niveles en el organismo, puede ocurrir que en algunos exista un exceso de energía acumulada, mientras que en otros haya una carencia de la misma. Dice el *Nei Ching*: «El desequilibrio se manifiesta por una situación de vacío o por una situación de exceso. La primera debe tratarse tonificando, y la segunda dispersando las energías interiores».

Existen por lo tanto dos sistemas de recuperar el equilibrio energético. En uno se dispersará el exceso de energía de los niveles pletóricos: se abrirán determinadas puertas y se verterán estas energías al exterior. En el otro, al abrirse otras puertas, se atraerá a las energías que nos rodean, tonificándose energéticamente los niveles vacíos. Este método de tonificación es más sencillo que el anterior, y no requiere un conocimiento muy avanzado. Es el que se utiliza en esta obra.

Aunque más sencillo, entraña algunos riesgos, que, por otra parte, son fáciles de evitar.

El riesgo más habitual es el de llegar a desvitalizarse por aplicar la tonificación a alguien afectado de una fuerte carencia energética. Este problema se produce al abrir las puertas de nuestra pareja. Se inicia entonces un proceso de captación de energía, tanto más fuerte cuanto lo es la situación de su desequilibrio energético. Aunque no existen problemas a un nivel normal de carencia energética, cuando hay un gran vacío en nuestra pareja podemos perder una proporción elevada de energía. La señal de alarma es la sensación de cansancio que nos queda después de haber aplicado un tratamiento de tonificación. Si ese cansancio no desaparece al cabo de pocos minutos, se ha producido un fenómeno de pérdida de energía vital. Si este hecho vuelve a repetirse al día siguiente, hay que considerar la necesidad de recurrir al médico acupuntor para que corrija el desequilibrio. Ni que decir tiene que, mientras sintamos el cansancio, deberemos abstenernos de practicar el culto dual y cualquier forma de relación sexual.

Es una problema poco habitual y de fácil solución. En ocasiones, la abstinencia mutua por unos días basta para solucionarlo.

Los principales métodos de tonificación son los siguientes:

Realizar giros continuos y rápidos, siguiendo la dirección de las agujas del reloj. La presión se incrementa de forma progresiva hasta llegar a su grado máximo. A partir de este momento cesará bruscamente. El dedo permanecerá sobre el punto. De esta forma se protege la puerta, dándole tiempo a cerrarse sin que pueda llegar a salir de nuevo la energía atraída. El tratamiento será de corta duración, menos de dos minutos por punto, aplicándose la presión mientras la persona que la recibe exhala el aire. Cuando inicie una respiración, se detendrá el movimiento, pero se mantendrá el grado de presión a que se hubiese llegado. Algunas escuelas realizan la presión en el mismo sentido en que circula el flujo energético.

En algunas ocasiones se utiliza un sistema adicional que emplea dos dedos al mismo tiempo. Una vez situado el punto, se colocan los dedos índices a cada lado del mismo. La presión se realiza acercando al mismo tiempo las puntas de los dedos. Esta operación hará que se arrugue la piel por encima del punto. Se repite con movimientos rápidos y continuos, ejerciendo una fuerte presión.

La tonificación se realiza mediante una serie de «formas de presionar los puntos», cuya técnica describiremos a continuación.

Formas de presionar los puntos

Existen dos sistemas de actuar sobre los puntos, el directo o natural y el que utiliza alguna clase de instrumento.

El sistema directo o natural

En este sistema, el que aplica el tratamiento utiliza partes de su cuerpo para ejercer presión sobre los puntos de su pareja. Es el sistema que se utiliza cuando se inicia el aprendizaje, y el único que utilizan algunos maestros. Cuando se desea aplicar el tratamiento con precisión, en puntos concretos, se emplea la punta de los dedos o bien los nudillos. Para un tratamiento más general se utilizan zonas más amplias, como los puños, la palma de la mano, los codos, etc. De esta forma se suelen tratar grupos de puntos o se aplican los masajes.

El uso de instrumentos

Los sistemas que utilizan instrumentos o ayudas mecánicas requieren la habilidad de un auténtico adepto, por lo que el neófito se alejará de ellas. Para utilizar estos complementos es necesario en primer lugar conocer a fondo las técnicas del sistema directo. Después hay que seguir una instrucción especial con un maestro. Cuando se merece la aprobación de éste se podrá utilizar el instrumento, construido por el propio maestro. Éste lo ofrece al discípulo como indicación de que ya puede iniciar su práctica.

Algunos de estos instrumentos se utilizan para reforzar el tratamiento del método directo. Otros sustituyen cualquier clase de tratamiento. A continuación describiré cinco de estos instrumentos.

En primer lugar están las placas de oro y plata. Estas placas, redondas y muy delgadas, se colocan sobre los puntos que se desea tratar, manteniéndolas en su sitio por medio de vendas de seda o algodón. Se escoge el oro para tonificar y la plata para dispersar.

En segundo lugar tenemos las piezas redondeadas, parecidas a monedas, de cantos romos, que se utilizan frotando el borde sobre el punto.

En tercer lugar tenemos las varillas, similares a los palillos que se emplean para comer, pero de puntas más gruesas y redondeadas. Se utilizan de dos formas. En la primera, simplemente se presiona el extremo de la varilla sobre el punto. La varilla se convierte así en una prolongación del dedo. En la segunda, se frota el extremo de la varilla sobre el punto y alrededor del mismo

En cuarto lugar existen otras varillas, acabadas en una pequeña bola de unos seis milímetros de diámetro. Estas varillas se fabrican en marfil y en madera, como las anteriores, pero también se emplea el ámbar y otros materiales. Para utilizarlas, se frota la bola contra un tejido de seda. Al cabo de un rato, se interrumpe bruscamente esta operación y se acerca inmediatamente la bola al punto, sin llegar a tocarlo. Según afirman los textos antiguos, ésta es la forma más eficaz de abrir las puertas.

En quinto y último lugar figuran los pinceles metálicos. En ellos se ha sustituido el pelo de rata por finísimos hilos metálicos. Se debe pasar el pincel sobre el punto a gran velocidad

—de ciento cincuenta a doscientas oscilaciones por minuto— produciéndose en seguida un enrojecimiento en el área del punto. En ocasiones, las personas que se encuentren muy débiles experimentarán una brusca subida de temperatura, lo que se considera un buen síntoma.

Existen otros instrumentos además de la gran variedad de agujas. Algunos de estos instrumentos sólo son conocidos por un reducido número de adeptos. Otros se transmiten sólo del maestro al discípulo que va a sustituirle. De esta forma, con la extinción de una escuela, desaparecen muchos de estos instrumentos.

Las siete técnicas

Para poder aplicar el sistema directo hay que conocer la serie de prácticas llamadas por la tradición «las siete técnicas». En ellas se resumen todos los conocimientos necesarios para aplicar con éxito los tratamientos. La práctica de las técnicas nos permitirá controlar el tiempo y la presión, escoger un método de tratamiento, aplicar la presión según el ángulo que le corresponde, saber cómo utilizar las manos y con qué ritmos y, finalmente, aprender a discernir cuándo estamos obteniendo resultados y cuándo circula el ch'i.

Técnicas primera y segunda. Estas dos técnicas se explican juntas, pues aunque estén formadas por diferentes elementos ambas forman una misma unidad.

Los dos factores fundamentales que actúan sobre los puntos son la fuerza con que ejercemos la presión y el tiempo que estamos ejerciéndola. Ambos forman las técnicas primera y segunda.

Para activar un punto deberemos emplear ambos factores, teniendo siempre en cuenta las leyes del equilibrio. Cuanto más empleemos de uno de ellos, menos tendremos que emplear del otro. Es decir, cuanto mayor sea la presión, menor será el tiempo que deberemos ejercerla. Si la presión es máxima, como por ejemplo un fuerte golpe, emplearemos el mínimo tiempo, es decir, décimas de segundo. Esta es la técnica de los sistemas de lucha, en los que se golpea un punto para inmovilizar al contrario. Sin embargo, la presión fuerte durante tres minutos, en el mismo punto, sólo produce un estado de relajación. Si, por el contrario, aplicamos el mínimo de presión, tendremos que llegar a una media hora de tratamiento para obtener unos efectos similares a los que conseguíamos antes con tres minutos. Esto nos indica que nunca se debe recurrir a situaciones extremas en los tratamientos. Lo ideal es aplicar un tratamiento rápido, con fuerte presión, con lo que obtenemos el efecto tonificante apropiado.

El principal problema para conseguir una aplicación adecuada de estas dos técnicas reside en el factor fuerza. Esto es debido a lo difícil que resulta mantener este factor en niveles aceptados por todos. Se suele dividir en tres gradaciones la fuerza con que ejercemos la presión: fuerte, media y suave. Pero estos términos tienen distinto significado para cada persona que los utiliza. Muchas escuelas prefieren ejercer una presión constante y variar la intensidad de la presión, aumentando o disminuyendo la superficie de contacto. Es decir, utilizando sólo la punta del dedo, la presión será más intensa que si utilizamos dos o tres dedos juntos. Este enfoque es válido siempre que se tenga en cuenta la fortaleza del miembro con el que ejercemos la presión. Siempre será mayor la presión que ejercemos con el dedo pulgar, aunque su superficie de contacto sea mayor que la de los otros dedos. Teniendo en cuenta ambos factores, ejercemos más fuerza con el nudillo del dedo medio. Después, y en orden decreciente, está el nudillo del dedo índice, la punta del dedo pulgar, la del dedo medio y la del índice. Sin embargo, en la práctica, suele utilizarse el pulgar para casi todas las aplicaciones.

Si se desea ejercer menos fuerza sobre un punto, se emplean el índice y medio juntos, y en ocasiones el índice, el medio y el anular. En general se suele colocar el extremo del medio sobre el punto a tratar.

Estas disminuciones de presión, en la que dos o tres dedos sustituyen al pulgar, suelen utilizarse para tratar puntos en la parte frontal del cuerpo. Con estos puntos hay que tener un cuidado especial al ejercer la presión, ya que están situados sobre órganos que no se deben presionar con fuerza. El punto más conflictivo es el veintiséis, por encontrarse a una mayor profundidad que los otros. Esto implica un difícil equilibrio entre la presión necesaria para llegar a estimularlo y la que podría perjudicar el área.

Las extremidades y la espalda pueden tratarse con los pulgares, salvo indicación en contra. Son áreas donde existe un fuerte soporte óseo, lo cual permite ejercer mayor presión.

El secreto del equilibrio entre presión y tiempo es sencillo. Bastará con aplicar toda la fuerza que admita nuestra pareja sin que experimente dolor. A cambio se puede reducir el tiempo a menos de dos minutos. La técnica de Wu Shan Sheng, como la de otros grandes maestros, consistía en contar lentamente hasta ciento ocho mientras se aplicaba la presión al punto.

Técnica tercera. Se refiere a los diversos métodos de ejercer la presión. Estos métodos se agrupan en dos ramas principales.

En la primera se ejerce la presión de un modo alterno. El dedo se separa del punto de un modo continuo y rítmico. Así se han desarrollado los siguientes métodos:

a) El método del pequeño martillo. Consiste en realizar un golpeteo rítmico y continuo sobre el punto. Para ello se utiliza el extremo del dedo medio, golpeando de arriba abajo como si fuese un martillo. Este golpeteo se mantiene durante unos tres minutos. Es una técnica vitalizadora que produce un incremento de temperatura. Suele aplicarse a personas enfermas o de constitución débil.

b) El mismo método anterior, pero utilizando las uñas en lugar de la punta de los dedos. Se ejecuta un movimiento continuo de roce, que sustituye al golpeteo. Es un método más enérgico. Es importante cuidar el estado de las uñas para evitar lesiones en la piel.

c) El método de la presión de los meridianos. Se realizan presiones alternas que siguen los canales por los que circula la energía. Se utilizan los pulgares, separando una presión de la siguiente por una distancia aproximada de un Tsun.

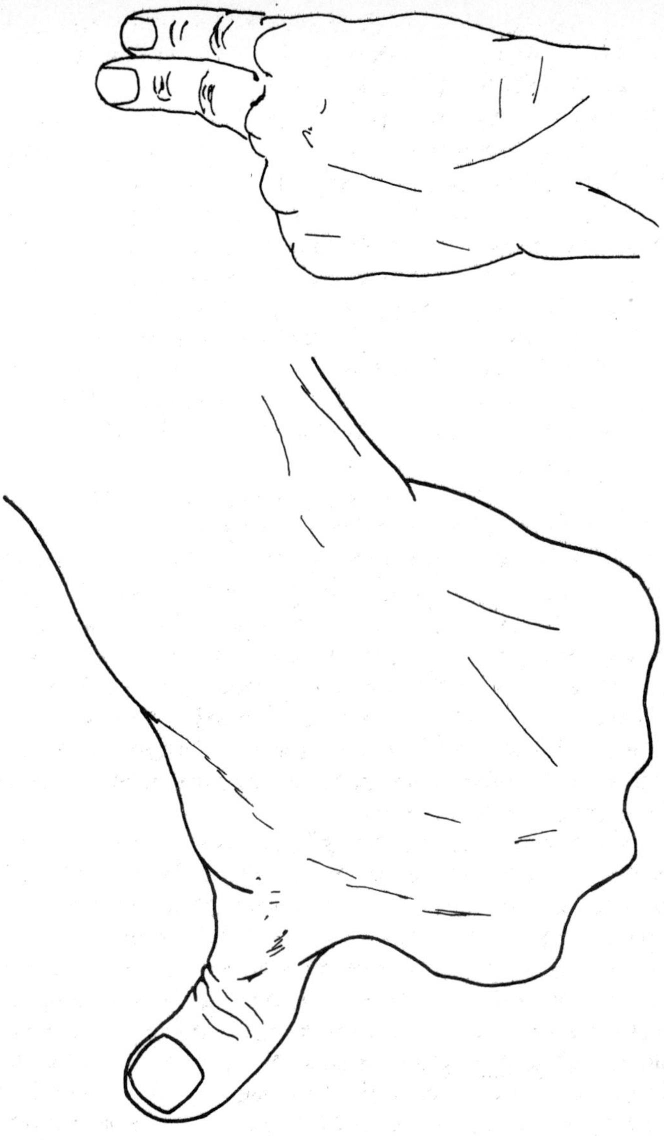

Fig. 39. Las dos formas más habituales de ejercer la presión.

d) El método dorsal. El mismo método anterior, pero siguiendo la columna vertebral mediante presiones con los pulgares a ambos lados de la misma.

En la segunda rama, una vez puesto en contacto el dedo con el punto, ya no se aparta de éste hasta haber concluido el tratamiento. Es decir, sea cual sea el método que utilicemos, nunca deberemos romper el contacto con la piel de nuestra pareja. Esta forma de ejercer la presión se llama «de contacto fijo». En general suele hacerse con los dedos, y la presión mínima debe ser suficiente para que el dedo arrastre, en su desplazamiento, piel y tejidos donde está situado el punto. Así, si el dedo gira, la piel arrastrada por el dedo girará también, de la misma forma que si se encontrase adherida a él.

La presión de contacto fijo ha originado los siguientes métodos:

a) El método fijo. Por el cual se ejerce una presión fija y constante durante todo el tiempo del tratamiento.

b) El método progresivo. Se inicia colocando el dedo sobre el punto e incrementando progresivamente la presión, hasta el máximo tolerable. Se mantiene la presión en este nivel durante unos segundos, luego se va relajando progresivamente. Para esta última etapa se debe emplear igual tiempo que para incrementar la presión al máximo: de siete a diez segundos. Luego se espera el mismo tiempo empleado en mantener la presión, sin separar el dedo del punto, y se repite todo el proceso otras dos veces.

c) El método circular. Se aplica la presión mediante movimientos circulares de la punta del dedo. Éste es el método clásico de la tonificación. (Para una explicación más detallada, véase pág. 72: *Tonificar o dispersar las energías.*)

d) El método de la presión-relajación. Se utiliza en ocasiones acompañando al anterior. Se presiona con el pulgar, alcanzando con rapidez un nivel máximo de presión. Acto seguido se relaja con igual rapidez. No se levantarán los dedos de la piel durante el tratamiento. Este método, utilizado mucho en las extremidades y en la cabeza, suele formar parte de las técnicas de tonificación.

Técnica cuarta. Se refiere a los ángulos en los que se puede ejercer la presión. En general, ésta se ejerce de una forma perpendicular a la superficie de la piel. En ocasiones, sin embargo, la presión se aplica en un determinado ángulo. De esta forma se puede localizar mejor el punto o ejercer sobre el mismo la presión de una forma más adecuada.

Técnica quinta. Determina las diferentes formas de presionar los puntos con las manos. Estas formas dependen de la situación del punto.

Los puntos situados en el cuerpo se tratan por presión directa, presionando con uno o varios dedos. A veces también podemos ayudarnos mediante el peso de nuestro propio cuerpo.

Para los puntos localizados en las extremidades existe el llamado MÉTODO DE SUJECIÓN. Con las manos se sujetan los miembros para así poder presionar mejor con los pulgares.

Para los puntos situados en las manos y pies o en las muñecas y tobillos, se puede aplicar el sistema de la pinza. Para ello basta con situar el pulgar sobre el punto, y los dedos índice y medio detrás del miembro. Luego se ejerce con los dedos la función de una pinza.

Técnica sexta. Es la que tiene en cuenta el ritmo, en relación con la forma de aplicar el tratamiento. Existen dos enfoques distintos en cuanto al ritmo, según se tenga en cuenta el orden de aplicación o el proceso respiratorio.

Cuando se aplica el tratamiento en los puntos dobles, es conveniente seguir un orden determinado. Este orden consiste en tratar, unos segundos antes, el punto del lado derecho. Por lo tanto, también terminará antes el tratamiento en ese punto. En el caso de un autotratamiento, si no se pueden tratar juntos los puntos dobles se tratará primero el derecho y después el izquierdo.

En cuanto al proceso respiratorio, se suele mantener un ritmo de tipo tonificante, incrementando la presión al tiempo que expulsa el aire quien recibe el tratamiento.

Técnica séptima. Es la que nos enseña a conocer el momento en el que nuestra pareja alcanza el ch'i durante el tratamiento. Se dice que se ha alcanzado el ch'i cuando, gracias al tratamiento, la energía vital circula de forma adecuada. Cuando el cuerpo es tonificado correctamente, una serie de sensaciones se extiende alrededor del punto. En algunos casos será una sensación de entumecimiento del área tratada. En otros se percibirán pequeñas sacudidas eléctricas, picazón u hormigueo. A veces será una bocanada de calor o un incremento de temperatura. Esto último es lo que suele ocurrir cuando se presiona el punto 34. En otras ocasiones, la sensación se extenderá más allá del punto y su área inmediata, como ocurre con el punto 17. El tratamiento adecuado de este punto estimula los genitales. En cualquier caso, la sensación no dura mucho tiempo. Es, no obstante, el indicio más seguro de una aplicación correcta.

Por lo tanto, es importante preguntar, desde el principio de la aplicación, si se percibe alguna reacción a la presión que estamos aplicando. Las sensaciones que experimenta nuestra pareja nos permiten controlar no sólo la llegada del ch'i sino también si estamos presionando el punto de forma adecuada.

Existen otros indicios que nos permiten comprobar el éxito de la aplicación. En primer lugar, muchas de las reacciones que experimente nuestra pareja se pueden percibir directamente. En segundo lugar, y si la presión se aplica en el lugar correcto, notaremos un cambio en los tejidos, lo cual indica que se están abriendo las puertas. A un nivel de mayor experiencia, el primer paso será colocar el extremo del dedo sobre el punto y esperar una señal indicativa de que se ha producido el contacto. Sólo podremos percibirla si nos encontramos totalmente relajados. La señal en sí es tan sutil que no puede definirse, pero cuando la percibimos no hay lugar a dudas. Se puede decir que fomenta una actitud subjetiva. Entonces podemos iniciar ya la presión.

Una vez aprendidas estas técnicas, llega el momento de aplicarlas con vistas a recuperar el equilibrio energético perdido. Sólo así podremos realizar de una forma adecuada la práctica dual.

Segunda parte

Aplicaciones

Los cinco grupos

La finalidad de las aplicaciones es el perfeccionamiento de la capacidad sexual de la pareja. De esta forma se consigue realizar con más eficacia la práctica dual.

Las técnicas descritas en las páginas anteriores pueden utilizarse en cinco grupos distintos de aplicaciones, cada uno de los cuales soluciona o alivia un problema diferente. El nombre asignado a cada uno de estos grupos define con claridad el problema que intenta resolver:

ELIMINAR LA FATIGA
ESTIMULAR LA POTENCIA SEXUAL
CONTROLAR LA EYACULACIÓN
COMBATIR LA IMPOTENCIA
SUPRIMIR LA FRIGIDEZ

Cada grupo tiene un número variable de elementos o aplicaciones. Siempre se inicia con una aplicación de un solo punto, continuando por otras algo más complejas, para acabar con algunas que pueden tener hasta una docena de puntos. Lógicamente, se debe empezar probando una aplicación de un solo punto. Si ésta produce resultados satisfactorios, puede prescindirse de las demás. En el caso de que la aplicación no haya resultado, se debe esperar un mínimo de veinticuatro horas antes de iniciar otra aplicación. Al realizar una aplicación que abarque numerosos puntos, no es necesario presionarlos todos si se observan resultados inmediatos, y tampoco se realizará toda la aplicación si después de haber tratado los tres primeros puntos no se observan resultados positivos.

Al ser las aplicaciones la antesala de la práctica dual, es necesario que ambos participantes sean de distinto sexo. Si a la aplicación le sigue la práctica dual, ésta será realizada por las mismas personas que intervinieron en aquélla.

A continuación se resumen las técnicas expuestas en la primera parte de esta obra. De esta forma será más fácil realizar posteriormente las aplicaciones. Un esquema, simplificando aún más este resumen, se situará al principio de cada grupo de aplicaciones con el objeto de servir de recordatorio y dar una visión general del conjunto de las técnicas.

En este resumen se ha situado un asterisco (*), al principio de cada técnica de la que se pueda prescindir de momento, pero siempre con la intención de introducirlas más adelante, cuando exista una mayor experiencia.

Resumen de las técnicas de manipulación

Preparación

Es fundamental que exista el suficiente afecto o interés mutuo en realizarse a través de la práctica dual, evitando la frivolidad y la actitud de curiosidad intrascendente.

1. Tener en cuenta los siete principios básicos (véase la pág. 62). No se realizarán aplicaciones a embarazadas o enfermos; se retrasará una aplicación hasta que se recupere el que sufre de un estado físico o emocional alterado, los que hayan ingerido alimentos o bebidas y los que se encuentren en una situación de desequilibrio de las fuerzas naturales. Así mismo,

hay que limitarse a los puntos indicados en la aplicación y respetar las indicaciones sobre la forma de tratar cada punto; evitar intentar resolver problemas que sean competencia del médico; efectuar sólo una aplicación cada veinticuatro horas; finalmente, para aplicar un tratamiento se evitarán determinadas partes del cuerpo, como el pecho femenino o zonas afectadas de la piel.

2. Realizar la preparación previa a la aplicación (véase la pág. 67). Para ello es conveniente que ambos participantes se encuentren relajados, respirando suavemente, de una forma acompasada y regular. La persona que reciba el tratamiento adoptará una actitud de completa pasividad. Una persona que se encuentre en un estado de gran debilidad, ni aplicará ni recibirá ningún tratamiento.

3. Preparar las manos (véase la pág. 69). Para ello bastará con frotarlas, según el primer ejercicio, durante veinte segundos y volver a repetirlo otras dos veces.

* Completar la preparación de las manos con el ejercicio segundo (véase la pág. 70).

4. Localizar los puntos (véase a partir de la pág. 20). Para ello bastará con utilizar el sistema indicado en cada punto de la aplicación.

* Completar el sistema de localización con el método de fricción (véase pág. 26).

MANIPULACIÓN

1. Se empieza el tratamiento colocando el dedo, con el que se ejercerá la presión, sobre el punto. Se mantiene así durante unos segundos antes de iniciar la aplicación. De esta forma se establece la conexión energética, superando el rechazo inicial que la energía del otro cuerpo produce de una forma automá-

tica (véase la pág. 80). Hay que mantener este contacto durante todo el tratamiento.

2. A continuación, hay que concentrarse en el área situada entre los puntos 15 y 17. A esta área se le llama «la puerta original del océano del ch'i», y así debemos visualizarla, como una inmensa reserva de energía vital a nuestra disposición. Una vez concentrados en esta área, visualizaremos el ch'i como un chorro de energía que se dirige hacia la punta de los dedos. Esta energía pasará a la otra persona a través del punto. Se incrementará así el flujo del ch'i, derribando los diques que aprisionaban la energía vital.

3. Realizar una fuerte presión con el pulgar, en dirección perpendicular a la piel, salvo que existan otras directrices en la aplicación correspondiente. Mantener la presión contando lentamente hasta ciento ocho, mientras se gira el dedo en la dirección de las agujas del reloj. Se mantendrá la presión y el movimiento, y, al mismo tiempo, la persona tratada expulsará el aire. Cuando inhale, se mantendrá la presión y cesará el movimiento.

4. Terminado el tratamiento, cesarán tanto el movimiento como la presión, pero se mantendrá el contacto entre el dedo y el punto durante unos segundos. De esta forma daremos tiempo al punto para que pueda cerrarse.

5. Comprobar si la pareja ha alcanzado el ch'i (véase la pág. 82). Es importante, aunque no imprescindible, alcanzar el ch'i. Si no logramos percibir la llegada del ch'i, pero nuestra pareja se encuentra relajada, podemos pasar a la práctica dual.

6. Para conseguir la relajación es conveniente esperar unos minutos antes de iniciar la práctica dual. Los practicantes se concentrarán en el flujo interior de las energías.

Desde que se localiza el punto hasta que se termina la aplicación se produce un proceso continuo de actos íntimamente ligados entre sí y cuya adecuada realización es la garantía del éxito. Todos estos actos se deben suceder de manera fluida y natural y en armonía con las energías exteriores, para de esta forma garantizar la recuperación del equilibrio interior.

Doce aplicaciones para eliminar la fatiga

Esquema de las técnicas de manipulación

Este esquema es un simple recordatorio. Si no se conocen a fondo las técnicas, es conveniente repasarlas a partir de la página 61, o de la página 86, donde se ofrece un resumen de las mismas.

A continuación se refieren las técnicas habituales para utilizar en las aplicaciones. En el tratamiento de algunos puntos se especifican técnicas diferentes que serán las que se utilicen en lugar de las habituales. Las técnicas 1, 2 y 3 de la preparación se realizarán sólo antes de la aplicación. La técnica 6 de la manipulación sólo se realizará después. El resto de las técnicas se repetirán para cada punto.

PREPARACIÓN

1. Tener en cuenta los siete principios básicos.
2. Realizar la preparación previa a las aplicaciones.
3. Preparar las manos.
4. Localizar los puntos, utilizando el Tsun de nuestra pareja.

MANIPULACIÓN

1. Colocar el dedo sobre el punto, mantenerlo inmóvil unos segundos sin iniciar la presión. Se mantendrá el contacto durante todo el tratamiento.
2. Subir el ch'i desde la puerta original hasta las manos.
3. Realizar una fuerte presión con el pulgar, en dirección perpendicular a la piel. Mantener la presión contando lentamente hasta ciento ocho, mientras se va girando el dedo en la dirección de las agujas del reloj. La presión y el movimiento se mantendrán mientras la persona que recibe el tratamiento esté expulsando el aire. Cuando inhale, se mantendrá la presión, pero cesará el movimiento.
4. Terminado el tratamiento, cesarán movimiento y presión. No obstante, se mantendrá el contacto entre el dedo y el punto durante unos segundos.
5. Comprobar si la pareja ha alcanzado el ch'i.
6. Relajarse ambos unos minutos antes de iniciar la práctica dual.

Este grupo de aplicaciones se utiliza para aliviar el problema más común y el menos grave de los que impiden la práctica dual.

El término fatiga sirve de denominador común a una serie de fenómenos, desde el cansancio de una jornada laboral hasta la tensión nerviosa originada por el temor. Todos estos fenómenos producen apatía. En general, los nervios son los causantes de estas fatigas, y, en mucha menor medida, también el cansancio muscular. Así, todas las aplicaciones de este grupo sirven para relajar o para estimular el nivel vital, y pueden aplicarse antes de cualquier tipo de esfuerzo. Cuando la persona que debe realizar una tarea encuentra que le faltan ánimos para ello, ha llegado el momento de aplicarle uno de los tratamientos detallados en las próximas páginas.

ELIMINAR LA FATIGA

Aplicación 1

Esta aplicación está compuesta por un solo punto, el 34.

PUNTO 34: Doble

Situación:
Tres Tsun por debajo del ojo externo de la rótula y el ancho de un dedo hacia afuera (véase página 45).

Técnica:
La habitual (véase página 90), pero se utilizará el método de sujeción para ejercer la presión (véase dibujo y, también, pág. 81).

Complemento:
Cuando nuestra pareja alcance el ch'i, notará un incremento de temperatura y una sensación de bienestar general. En el caso de que después de la aplicación nuestra pareja sienta debilidad en las piernas, será aconsejable sustituir esta aplicación por otra.

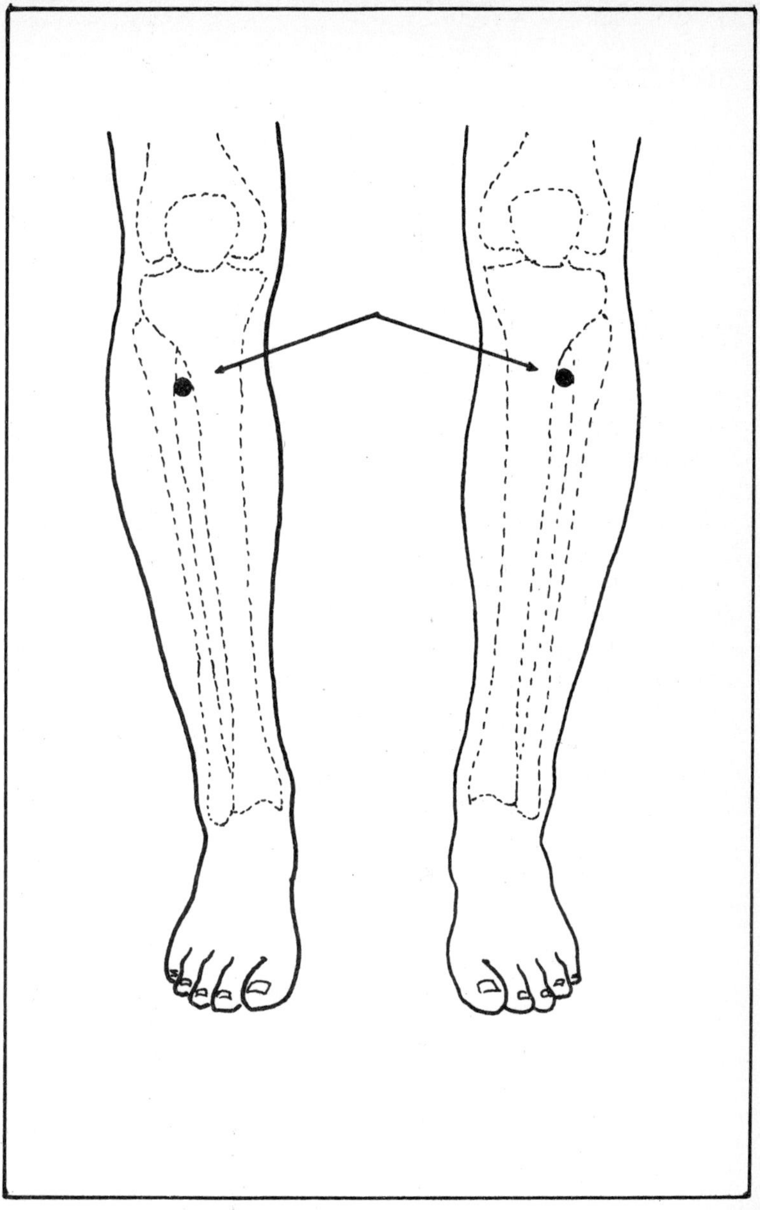

ELIMINAR LA FATIGA

Aplicación 2

Esta aplicación está compuesta por un solo punto, el 15.

PUNTO 15: Único

Situación:
Un Tsun y medio debajo del ombligo.

Técnica:
La habitual (véase el esquema de la pág. 90), excepto en el apartado de la presión.

Presión:
Se realizará con los dedos índice y medio, aplicando la fuerza suficiente para arrastrar la piel al girar y para llegar a los tejidos musculares.

Complemento:
Se puede ejercer la presión con el borde inferior de la palma de la mano.

A este punto se le denomina «océano del ch'i»; es el límite superior de una de las principales zonas energéticas del cuerpo humano (véase la aplicación 4).

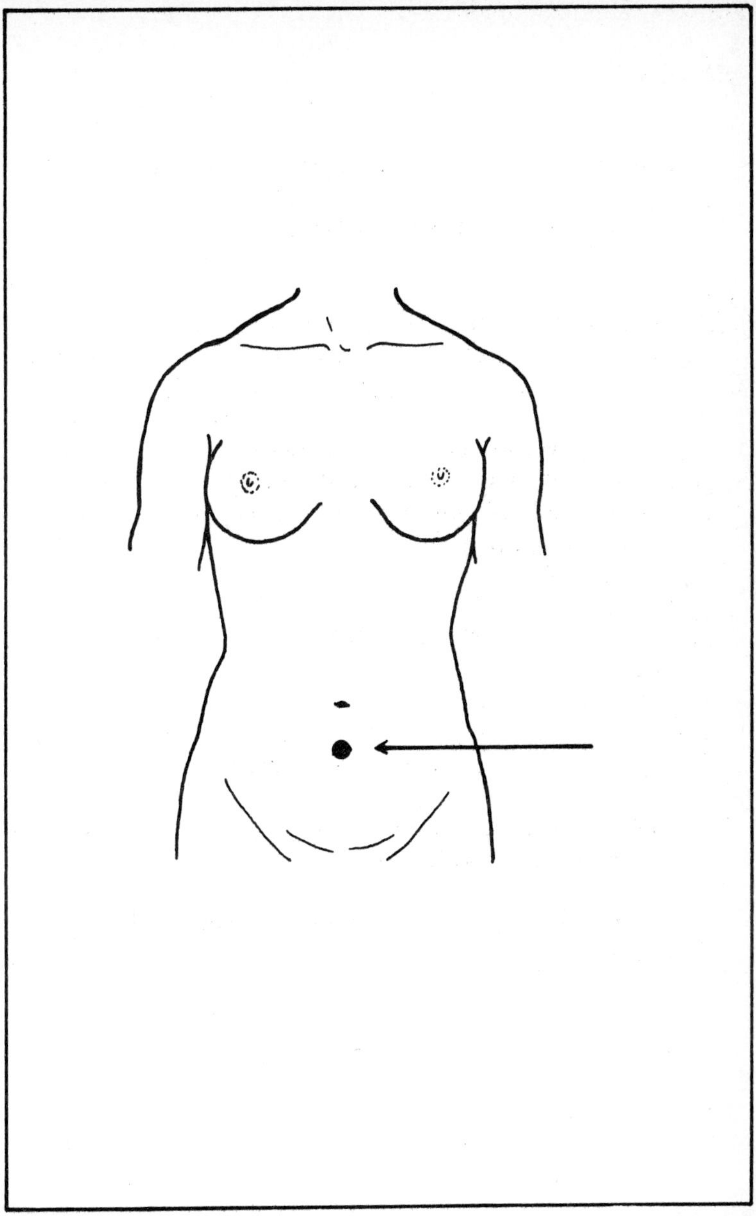

ELIMINAR LA FATIGA

Aplicación 3

Esta aplicación está compuesta por los puntos 8 y 40.

PUNTO 8: Doble

Situación:

En el dorso de la mano, junto al segundo metacarpiano. Se localiza con el extremo del pulgar, colocado en el espacio que separa el índice y el pulgar (véase pág. 33).

Técnica:

La habitual (véase pág. 90). La presión puede ser opcionalmente de pinza y el ángulo en dirección al segundo metacarpiano. Puede prescindirse del giro y aplicar una presión-relajación (véase pág. 80).

PUNTO 40: Doble

Situación:

En el dorso del pie, entre el primer y el segundo metatarsiano, a dos Tsun del espacio interdigital.

Técnica:

La habitual (véase pág. 90). La presión se dirigirá hacia arriba, en dirección al tobillo.

Esta aplicación es un remedio muy antiguo y eficaz para la tensión nerviosa.

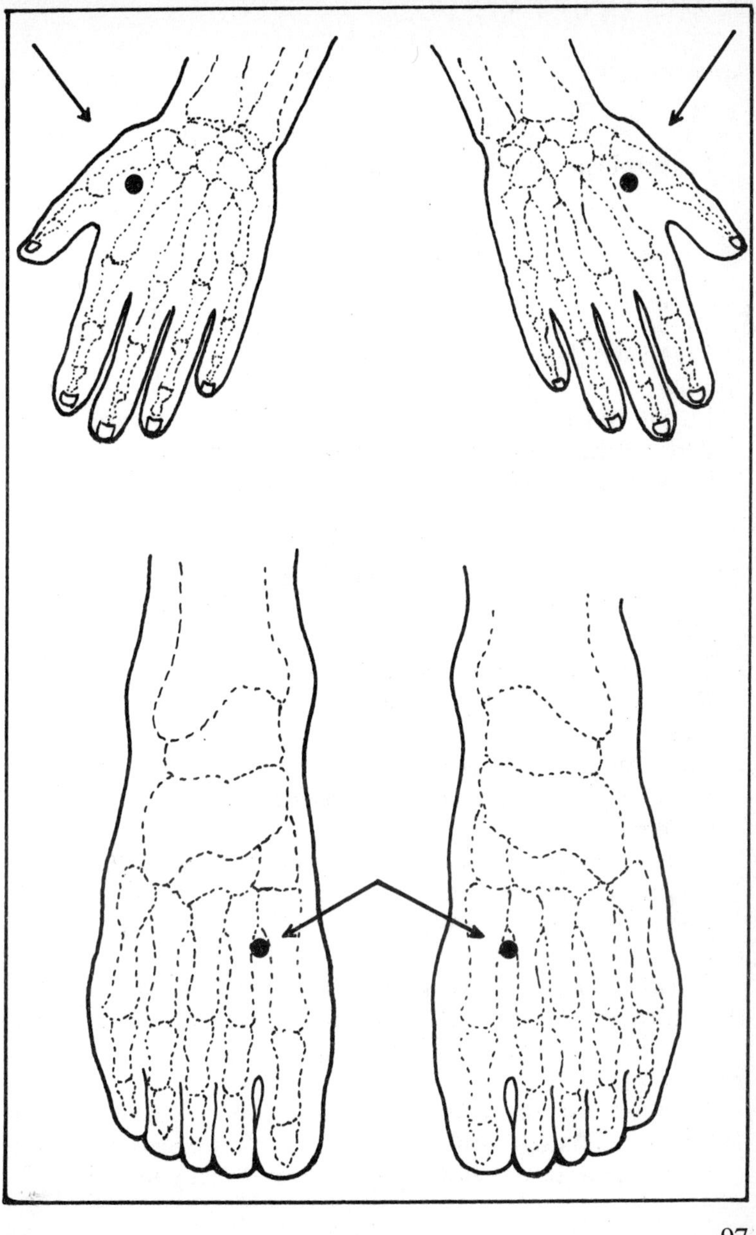

ELIMINAR LA FATIGA

Aplicación 4

Esta aplicación está compuesta por los puntos 17 y 34.

PUNTO 17: Único

Situación:
Tres Tsun debajo del ombligo.
Técnica:
La habitual (véase pág. 90), pero la presión se aplicará con los dedos índice y medio, con la fuerza justa para poder arrastrar la piel al girar y para llegar a los tejidos musculares.

PUNTO 34: Doble

Situación:
Tres Tsun debajo del ojo externo de la rótula, y el ancho de un dedo hacia afuera (véase pág. 45).
Técnica:
La habitual (véase pág. 90), pero se utilizará el método de sujeción para ejercer mejor la presión (véase dibujo y pág. 81).
Complemento:
Si la persona que recibe el tratamiento siente debilidad en las piernas después de tratar el punto 34, es mejor sustituir esta aplicación por otra.

El punto 17 es llamado «el origen secreto» y, junto con el punto 15, forma parte del principal centro energético del ser humano.

Complemento:
Se pueden tratar juntos con la palma de la mano los puntos 15 y 17 y añadir después el 34. De esta forma se consigue aliviar cualquier desequilibrio, como por ejemplo un mareo.

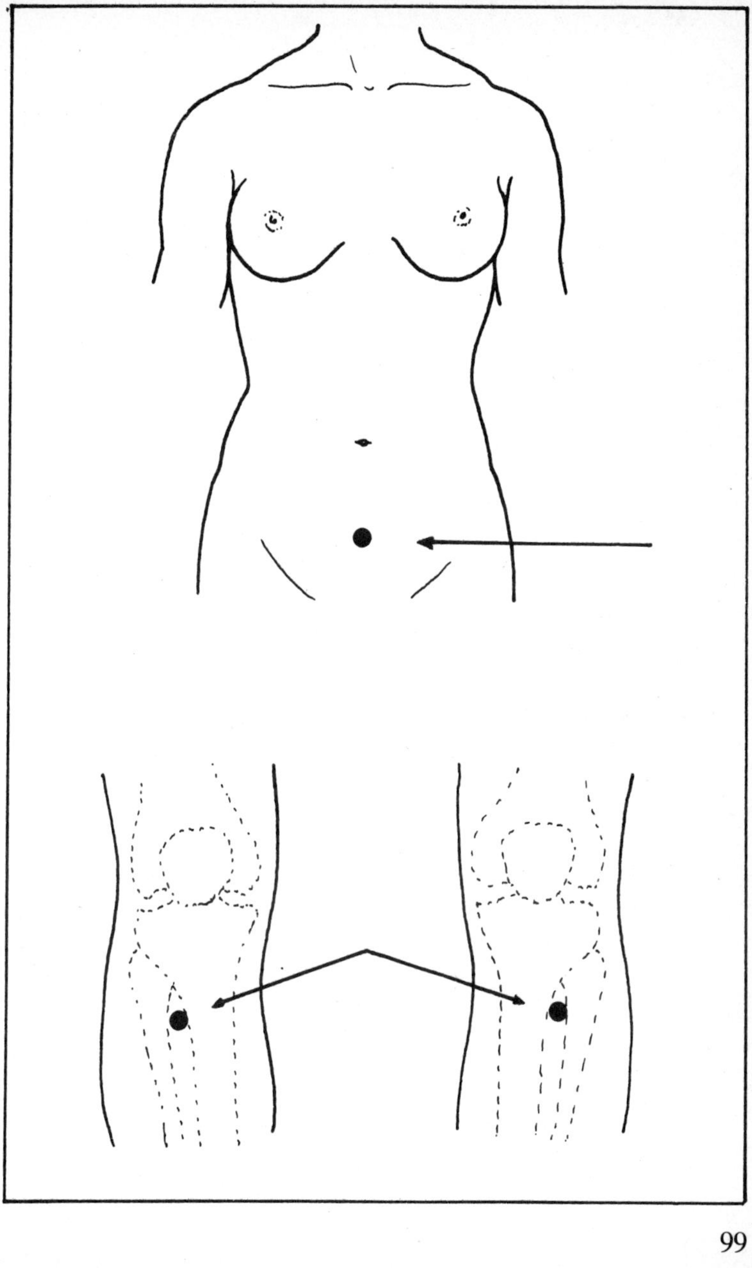

ELIMINAR LA FATIGA

Aplicación 5

Esta aplicación está compuesta por los puntos 11 y 36.

PUNTO 11: Doble

Situación:
A dos Tsun del pliegue de la muñeca, entre los dos tendones.
Técnica:
La habitual (véase pág. 90).

PUNTO 36: Doble

Situación:
Tres Tsun encima del hueso del tobillo, en el borde posterior de la tibia.
Técnica:
La habitual (véase pág. 90), pero se utilizará el método de sujeción, para ejercer mejor la presión (véase dibujo y pág. 81).
Complemento:
Este es el punto más importante para tratar al sexo femenino. Combinado con el 11, es una magnífica asociación para cualquier mujer que se encuentre en baja forma o nerviosa, ya que el punto 11 es un poderoso calmante. En general sirve esta aplicación como un magnífico restaurador de la vitalidad, para ambos sexos.

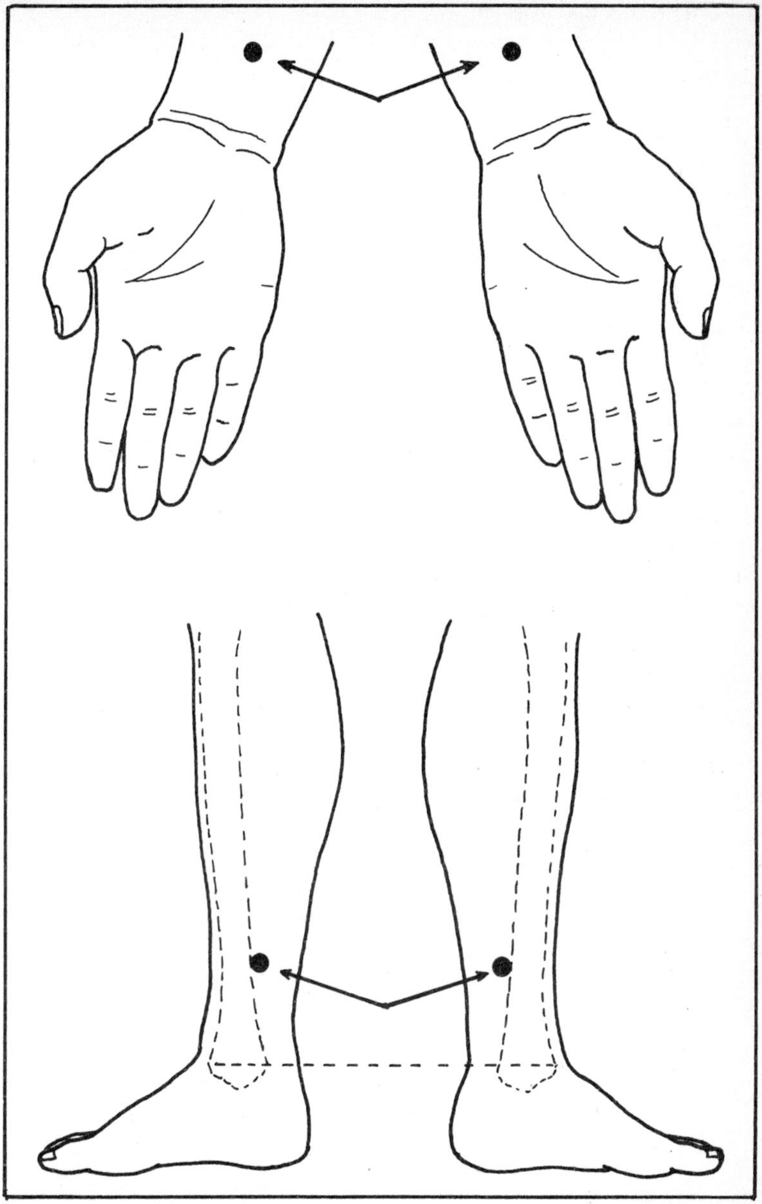

ELIMINAR LA FATIGA

Aplicación 6

Esta aplicación está compuesta por los puntos 9 y 38.

PUNTO 9: Doble

Situación:
En la palma de la mano, junto a la cabeza del primer metacarpiano, en el límite donde cambia la tonalidad de la piel.
Técnica:
La habitual (véase pág. 90), se puede utilizar el método de pellizco o pinza, con el pulgar sobre el punto y el resto de los dedos en el dorso de la mano.

PUNTO 38: Doble

Situación:
Hacia la mitad de la distancia entre el hueso del tobillo y el tendón de Aquiles.
Técnica:
La habitual (véase pág. 90), pero utilizando el sistema de pinza, para ejercer la presión.

Éste es un sistema de vitalizar ambos sexos, principalmente el masculino.

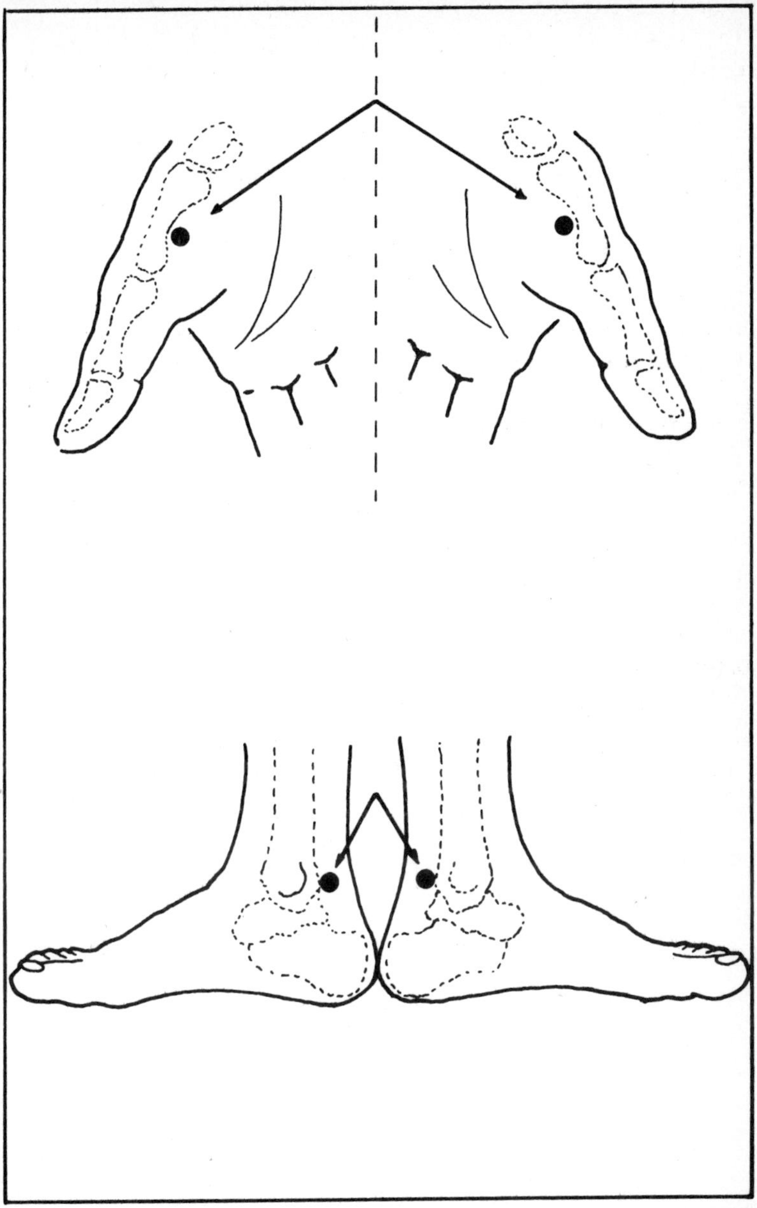

ELIMINAR LA FATIGA

Aplicación 7

Esta aplicación está compuesta por los puntos 53 y 67.

PUNTO 53: Único

Situación:
Entre las vértebras lumbares segunda y tercera.
Técnica:
La habitual (véase pág. 90).

PUNTO 67: Único

Situación:
En la línea mediana, en el hueco entre el ano y la punta del coxis.
Técnica:
La habitual (véase pág. 90), pero en cuanto a la presión utilizar los dedos índice y medio juntos, con el sistema de presión-relajación (véase pág. 80).

Con esta aplicación se puede combatir la debilidad sexual en ambos sexos.

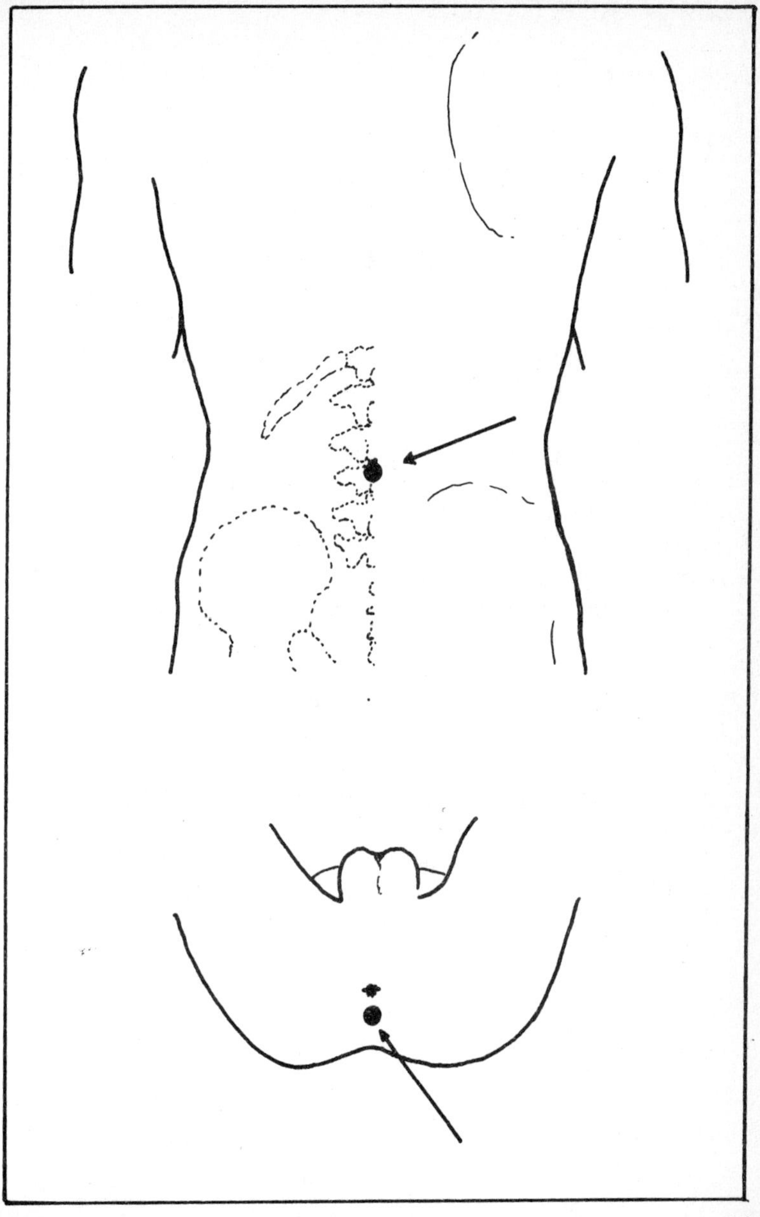

Aplicación 8

Esta aplicación está compuesta por los puntos 34, 3 y 1.

PUNTO 34: Doble

Situación:
Tres Tsun debajo del ojo externo de la rótula y el ancho de un dedo hacia afuera (véase pág. 45).
Técnica:
La habitual (véase pág. 90), pero se utilizará el método de sujeción, con el que se puede ejercer mejor la presión (véase dibujo y pág. 81).
Complemento:
Sentir debilidad en las piernas, un rato después de la aplicación, implica la necesidad de una aplicación distinta.

PUNTO 3: Único

Situación:
En la línea media del labio superior, a un tercio de la nariz.
Técnica:
La habitual (véase pág. 90), dirigiendo la presión hacia arriba.

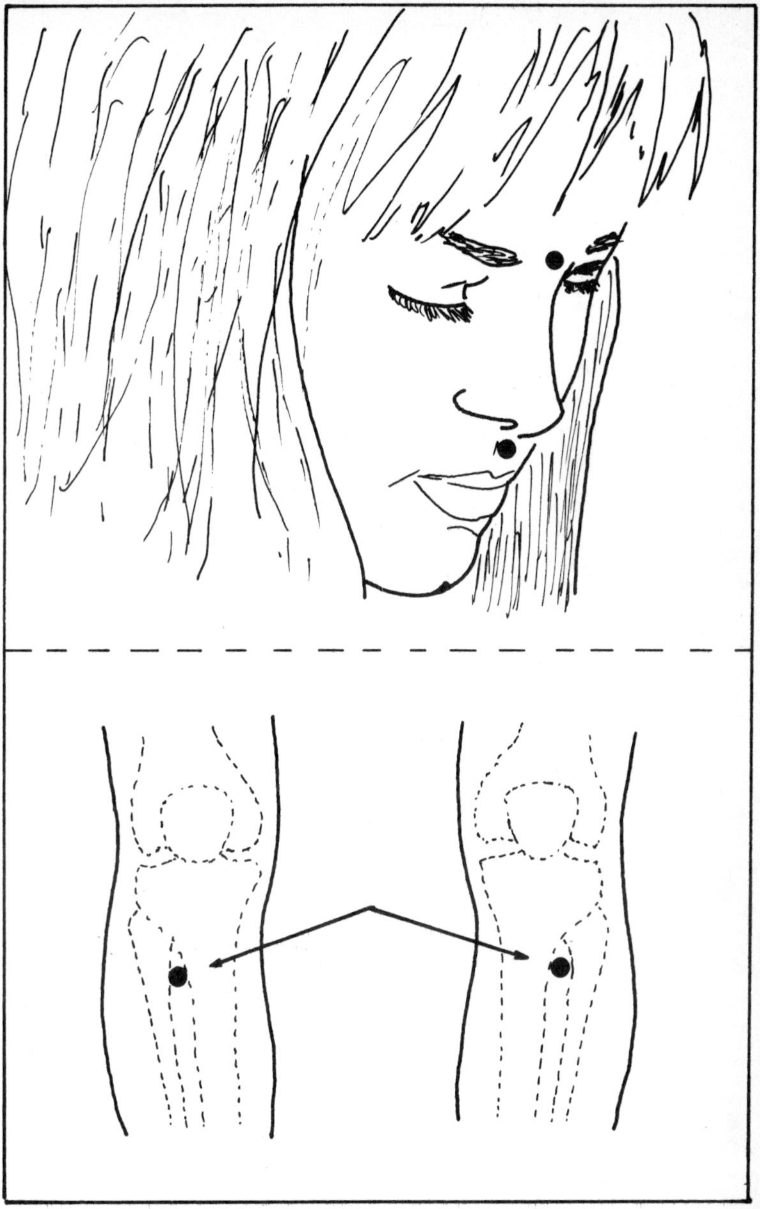

Aplicación 8 *(continuación)*

PUNTO 1: Único

Situación:

Entre las cejas.

Técnica:

La habitual (véase pág. 90), salvo que la presión se ejercerá con el nudillo del dedo índice y ligeramente hacia arriba. También se puede utilizar el nudillo de arriba a abajo, pero dirigiendo la presión hacia arriba.

Esta aplicación es útil para disminuir la tensión nerviosa que se genera si no se ha realizado una adecuada relajación antes de la práctica dual.

ELIMINAR LA FATIGA

Aplicación 9

Esta aplicación está compuesta por los puntos 20, 18 y 14.

PUNTO 20: Único

Situación:
En el centro del perineo, entre los genitales y el ano.
Técnica:
La habitual (véase pág. 90), pero la presión se aplicará con los dedos índice y medio, con la fuerza justa para poder arrastrar la piel al girar los dedos.

PUNTO 18: Único

Situación:
Cuatro Tsun debajo del ombligo.
Técnica:
La habitual (véase pág. 90), pero la presión se aplicará como en el punto anterior, con la fuerza necesaria para llegar al tejido muscular.

PUNTO 14: Único

Situación:
Un Tsun debajo del ombligo.
Técnica:
La habitual (véase pág. 90), la presión se aplicará como en el punto anterior.

Esta aplicación combate la apatía sexual en ambos sexos.

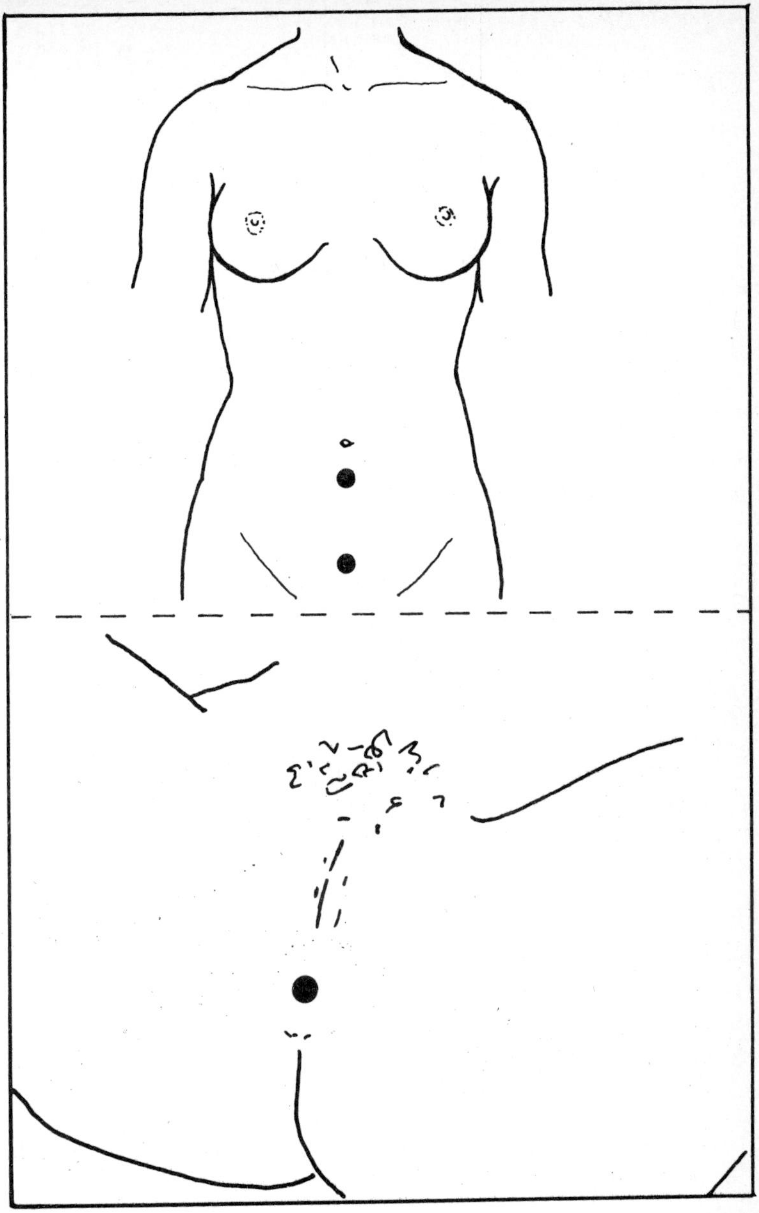

ELIMINAR LA FATIGA

Aplicación 10

Esta aplicación está compuesta por los puntos 10, 36 y 11.

PUNTO 10: Doble

Situación:
En el pliegue de la muñeca, en línea con el dedo meñique (véase pág. 34).
Técnica:
La habitual (véase pág. 90), con presión tipo pinza y sistema presión-relajación (véase pág. 80).

PUNTO 36: Doble

Situación:
Tres Tsun encima del hueso del tobillo, en el borde posterior de la tibia (véase la figura 27).
Técnica:
La habitual (véase pág. 90). Se preferirá el método de sujeción (véase dibujo y pág. 81).

PUNTO 11: Doble

Situación:
A dos Tsun del pliegue de la muñeca, entre los dos tendones.
Técnica:
La habitual (véase pág. 90).

Este tratamiento es un sistema eficaz de eliminar los estados de ansiedad.

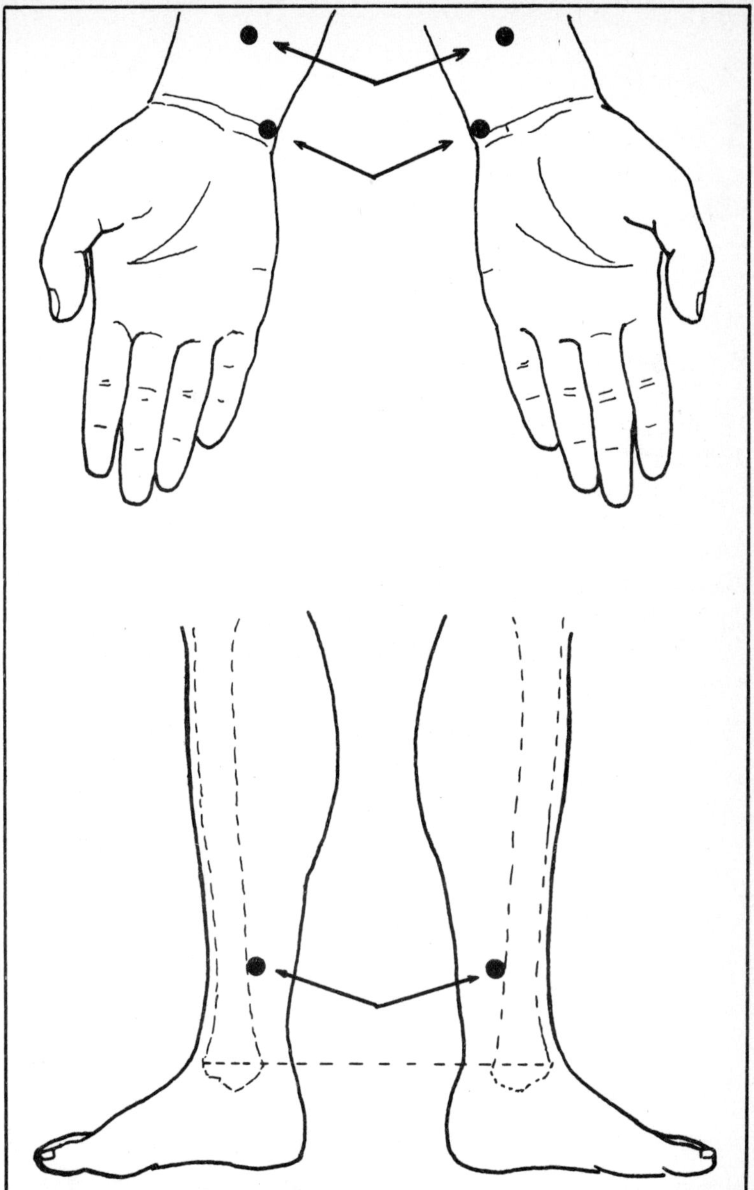

Aplicación 11

Esta aplicación está compuesta por los puntos 34, 6, 19 y 12.

PUNTO 34: Doble

Situación:
Tres Tsun debajo del ojo externo de la rótula y el ancho de un dedo hacia afuera (véase pag. 45).
Técnica:
La habitual (véase pág. 90), utilizando el método de sujeción, con el que puede ejercerse mejor la presión en este punto (véase dibujo y pág. 81).
Complemento:
Notar debilidad en las piernas un rato después de la aplicación implica la necesidad de una aplicación distinta.

PUNTO 6: Doble

Situación:
En el extremo del hombro, en la articulación del hombro con la clavícula.
Técnica:
La habitual (véase pág. 90).

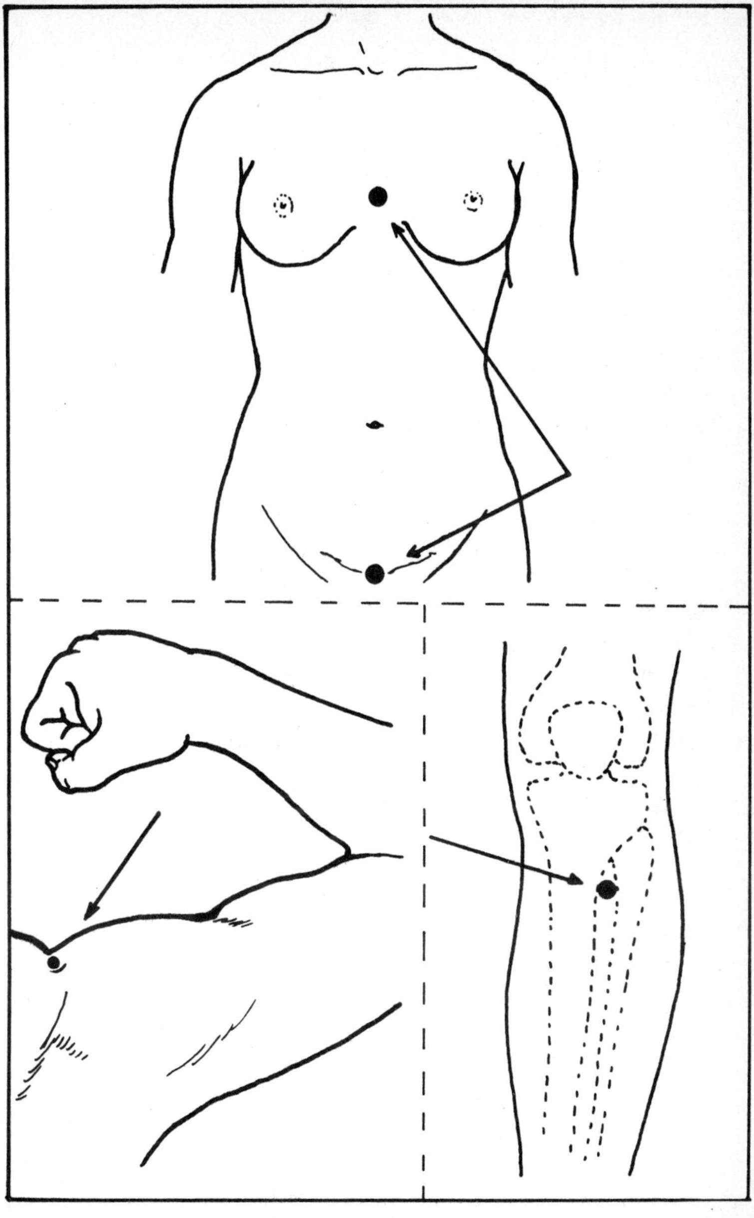

Aplicación 11 *(continuación)*

PUNTO 19: Único

Situación:

En la línea mediana del cuerpo, en el borde del hueso del pubis.

Técnica:

La habitual (véase pág. 90), excepto en la presión, que se aplicará con los dedos índice y medio, con la fuerza justa para poder arrastrar la piel al girar los dedos. Se presionará en dirección al hueso.

PUNTO 12: Único

Situación:

En el esternón, en el centro de la línea que pasa por los pezones o por el cuarto espacio intercostal.

Técnica:

Igual que en el punto anterior. También puede tratarse con los pulgares, siempre que no se apoye el peso del cuerpo encima.

ELIMINAR LA FATIGA

Aplicación 12

Esta aplicación está compuesta por los puntos 17, 18, 20, 34, 56, 45, 44 y 12.

PUNTO 17: Único

Situación:
Tres Tsun debajo del ombligo.
Técnica:
La habitual (véase pág. 90), pero la presión se aplicará con los dedos índice y medio, con la fuerza justa para arrastrar la piel al girar los dedos.

PUNTO 18: Único

Situación:
Cuatro Tsun debajo del ombligo.
Técnica:
Igual que en el punto anterior.

PUNTO 20: Único

Situación:
En el centro del perineo, entre los genitales y el ano.
Técnica:
Igual que en los puntos anteriores.

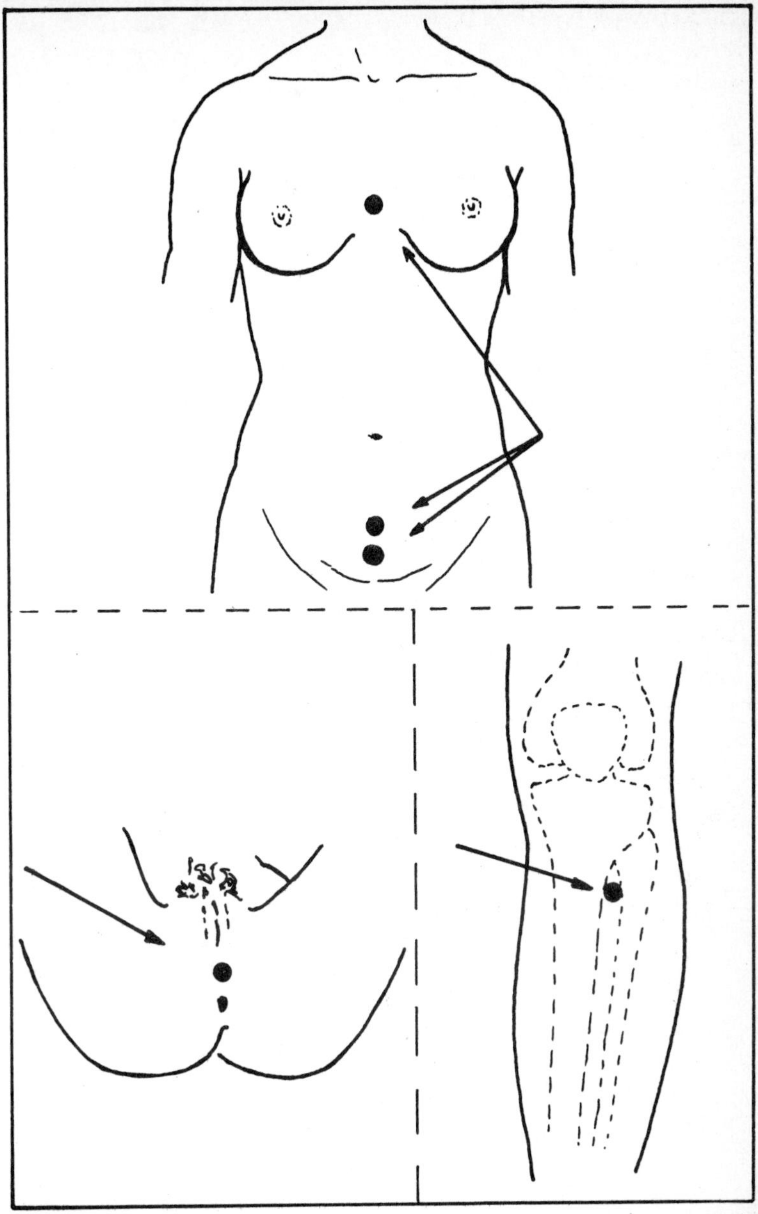

Aplicación 12 *(continuación)*

PUNTO 34: Doble

Situación:
Tres Tsun debajo del ojo externo de la rótula y el ancho de un dedo hacia afuera (véase pág. 45).
Técnica:
La habitual (véase pág. 90), utilizando el método de sujeción, con el que se ejerce mejor la presión en este punto (véase dibujo y pág. 81).

PUNTO 56: Único

Situación:
Entre las vértebras lumbares cuarta y quinta.
Técnica:
La habitual (véase pág. 90).

PUNTO 45: Único

Situación:
Entre las vértebras dorsales quinta y sexta.
Técnica:
Igual que en el punto anterior.

PUNTO 44: Único

Situación:
Entre las vértebras dorsales primera y segunda.
Técnica:
Igual que en los dos puntos anteriores.

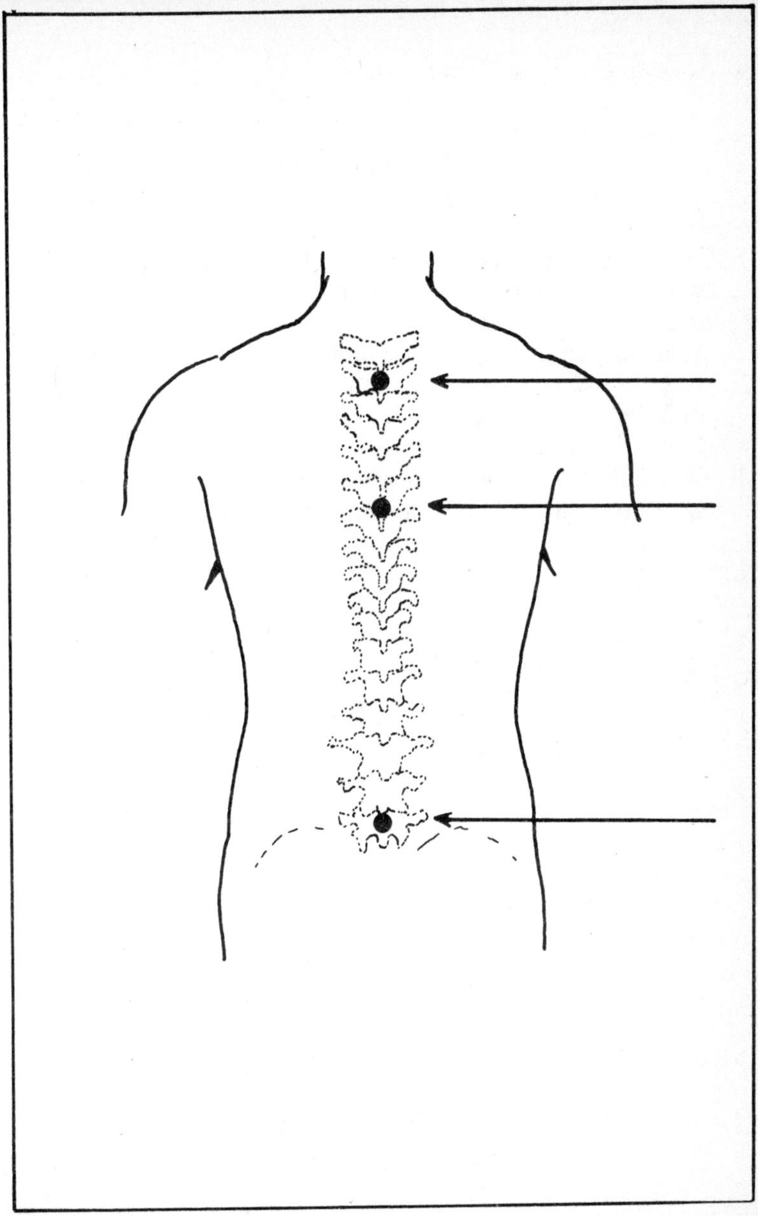

Aplicación 12 *(continuación)*

PUNTO 12: Único

Situación:
En el esternón, en el centro de la línea que pasa por los pezones o por el cuarto espacio intercostal.

Técnica:
Igual que en el punto 17. También puede tratarse con los pulgares, siempre que no se apoye el peso del cuerpo encima.

Esta aplicación, como la anterior, sirve para combatir la fatiga, estimulando el flujo de la energía vital.

Catorce aplicaciones para estimular la potencia sexual

Esquema de las técnicas de manipulación

Este esquema es un simple recordatorio. Si no se conocen a fondo las técnicas, es conveniente repasarlas a partir de la página 61, o de la página 86.

A continuación se refieren las técnicas habituales para utilizar en las aplicaciones. En el tratamiento de algunos puntos se especifican técnicas diferentes que serán las que se utilicen en lugar de las habituales. Las técnicas 1, 2 y 3 de la preparación se realizarán sólo antes de la aplicación. La técnica 6 de la manipulación sólo se realizará después. El resto de las técnicas se repetirán para cada punto.

PREPARACIÓN

1. Tener en cuenta los siete principios básicos.
2. Realizar la preparación previa a las aplicaciones.
3. Preparar las manos.
4. Localizar los puntos, utilizando el Tsun de nuestra pareja.

MANIPULACIÓN

1. Colocar el dedo sobre el punto, mantenerlo inmóvil unos segundos sin iniciar la presión. Se mantendrá el contacto durante todo el tratamiento.

2. Subir el ch'i desde la puerta original hasta las manos.

3. Realizar una fuerte presión con el pulgar, en dirección perpendicular a la piel. Mantener la presión contando lentamente hasta ciento ocho, mientras se va girando el dedo en la dirección de las agujas del reloj. La presión y el movimiento se mantendrán mientras la persona que recibe el tratamiento esté expulsando el aire. Cuando inhale, se mantendrá la presión, pero cesará el movimiento.

4. Terminado el tratamiento, cesarán movimiento y presión. No obstante, se mantendrá el contacto entre el dedo y el punto durante unos segundos.

5. Comprobar si la pareja ha alcanzado el ch'i.

6. Relajarse ambos unos minutos antes de iniciar la práctica dual.

Este grupo de aplicaciones reúne todos los tratamientos que sirven para crear un mayor volumen e intensidad de la respuesta sexual. Algunas técnicas facilitan e incrementan el orgasmo femenino. Otras, comunes a las del grupo anterior, incrementan la energía y el tono vital.

ESTIMULAR LA POTENCIA SEXUAL

Aplicación 1

Esta aplicación está compuesta por un solo punto, el 3.

PUNTO 3: Único

Situación:
En la línea media del labio superior, a un tercio de la nariz.

Técnica:
La habitual (pág. 124), pero la presión se aplicará por el método presión-relajación (pág. 80) y en dirección a la base de la nariz.

En los antiguos tratados se cita ya la conexión misteriosa entre el labio superior femenino y el clítoris. Ésta es una aplicación que incrementa el orgasmo femenino. En ocasiones se utiliza al principio de la práctica dual; el mejor sistema para la mujer es visualizar la unión del labio superior con el clítoris, por medio de un canal sutil. El recorrido de este canal es por la línea media del cuerpo, labio superior, cabeza, espalda, clítoris. Debe visualizarse vibrante de energía vital.

Aplicación 2

Esta aplicación está compuesta por un solo punto, el 27.

PUNTO 27: Doble

Situación:
En el extremo del dedo índice.
Técnica:
Se pondrá en contacto el pulgar de cada mano con el punto formando un círculo.

Este punto es uno de los llamados tres mudras. Es un gesto de autotratamiento. Permite controlar y equilibrar mejor el flujo del ch'i. En general lo utiliza la parte femenina durante la práctica dual, pero puede utilizarlo el hombre en las posiciones invertidas, cuando la mujer realiza la práctica dual sobre él.

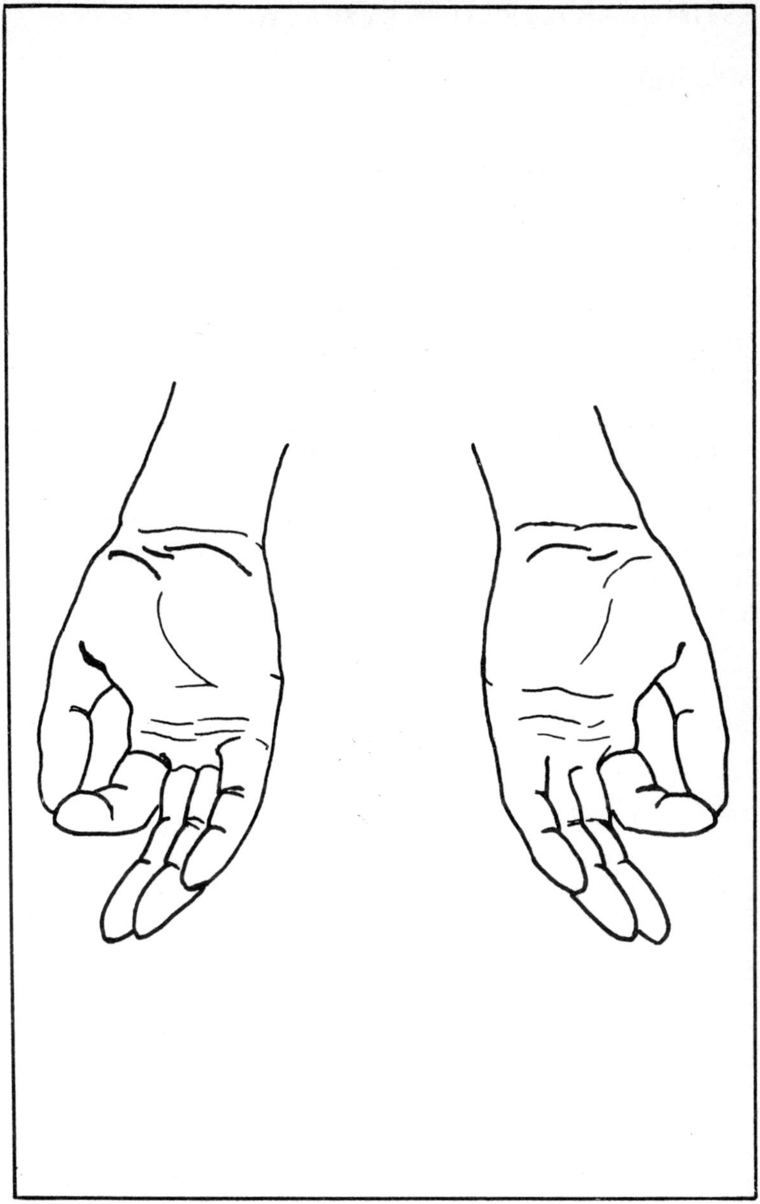

ESTIMULAR LA POTENCIA SEXUAL

Aplicación 3

Esta aplicación está compuesta por un solo punto, el 28.

PUNTO 28: Doble

Situación:
En el extremo del dedo medio.

Técnica:
Se pone en contacto el pulgar de cada mano con el punto, formando un círculo.

Éste es el segundo de los tres mudras (véase la pág. 41). También es un gesto de autotratamiento. Este gesto ayuda a estabilizar la mente y a prolongar el coito. Es utilizado preferentemente por el hombre durante la práctica dual.

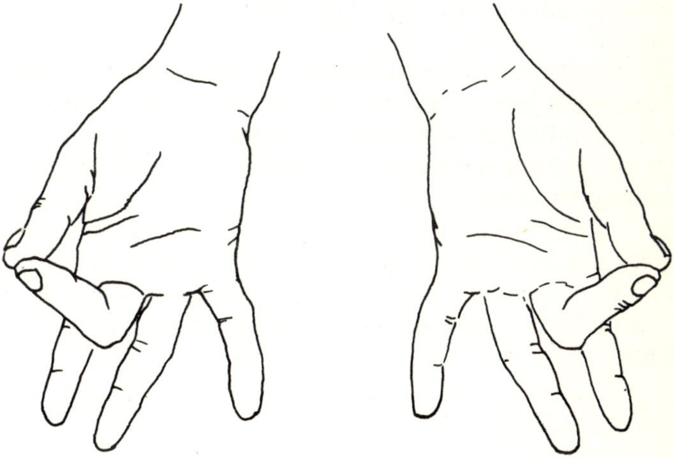

ESTIMULAR LA POTENCIA SEXUAL

Aplicación 4

Esta aplicación está compuesta por un solo punto, el 29.

PUNTO 29: Doble

Situación:
En la planta del pie. Para su localización, véase la pág. 42.
Técnica:
Se pondrá en contacto el dedo medio de la mano derecha masculina con el punto del pie izquierdo femenino. El dedo de la mano izquierda se pondrá en contacto con el punto del pie derecho. El contacto se mantendrá durante la práctica dual.

Éste es el tercer mudra. Es el único punto de contacto entre los dos sexos. Es un típico gesto de transmisión de energía sin presión. Tiene el efecto de incrementar el orgasmo femenino.

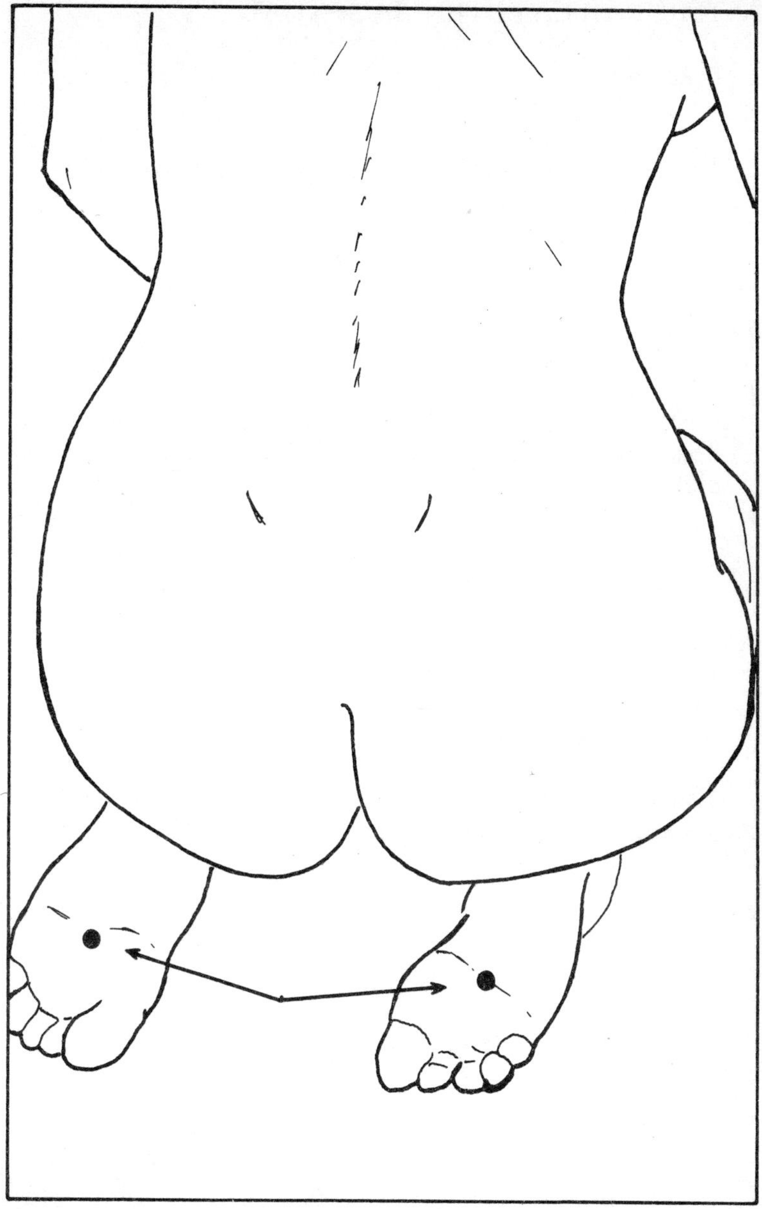

ESTIMULAR LA POTENCIA SEXUAL

Aplicación 5

Esta aplicación está compuesta por los puntos 20 y 17.

PUNTO 20: Único

Situación:
En el centro del perineo, entre los genitales y el ano.
Técnica:
La habitual (pág. 124), pero aplicando la presión con los dedos índice y medio, con la fuerza justa para arrastrar la piel al girar los dedos.

PUNTO 17: Único

Situación:
Tres Tsun debajo del ombligo.
Técnica:
Igual que en el punto anterior.

Éste es un clásico tratamiento de estimulación de la potencia sexual, válido para ambos sexos.

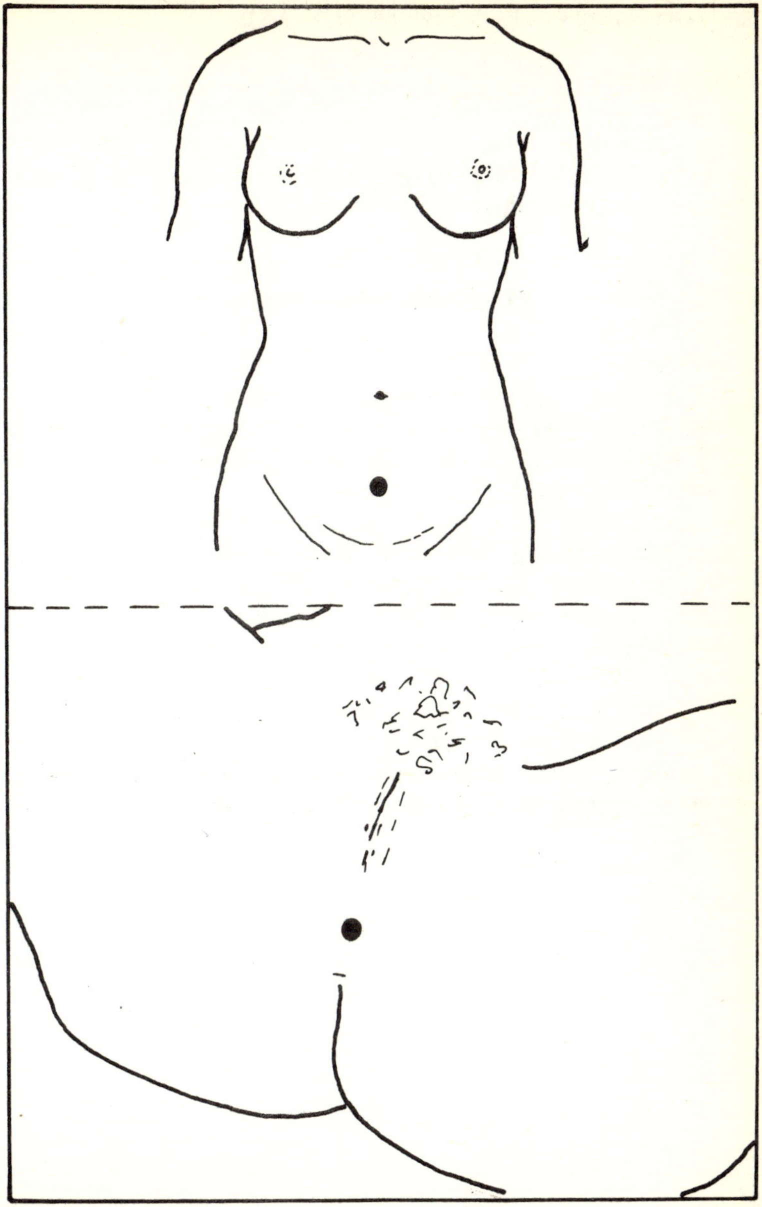

ESTIMULAR LA POTENCIA SEXUAL

Aplicación 6

Esta aplicación está compuesta por los puntos 62, 63, 64 y 65, que se tratan todos al mismo tiempo.

PUNTOS 62 al 65: Dobles

Situación:

En el sacro existen ocho agujeros o forámenes, distribuidos cuatro a la derecha y cuatro a la izquierda, en líneas oblicuas. Cada uno de los puntos se encuentra en un foramen.

Técnica:

La habitual (pág. 124), pero tratando todos los puntos al mismo tiempo. Se tratan primero los puntos del lado derecho. Muchos prefieren utilizar el puño cerrado, haciendo los nudillos la función de los dedos.

El tratamiento de estos puntos proporciona un estímulo inmediato a la zona genital. Otra forma de estimular el área es utilizando la palma de la mano. Hay que apretar con fuerza, perpendicularmente y girando en la dirección de las agujas del reloj.

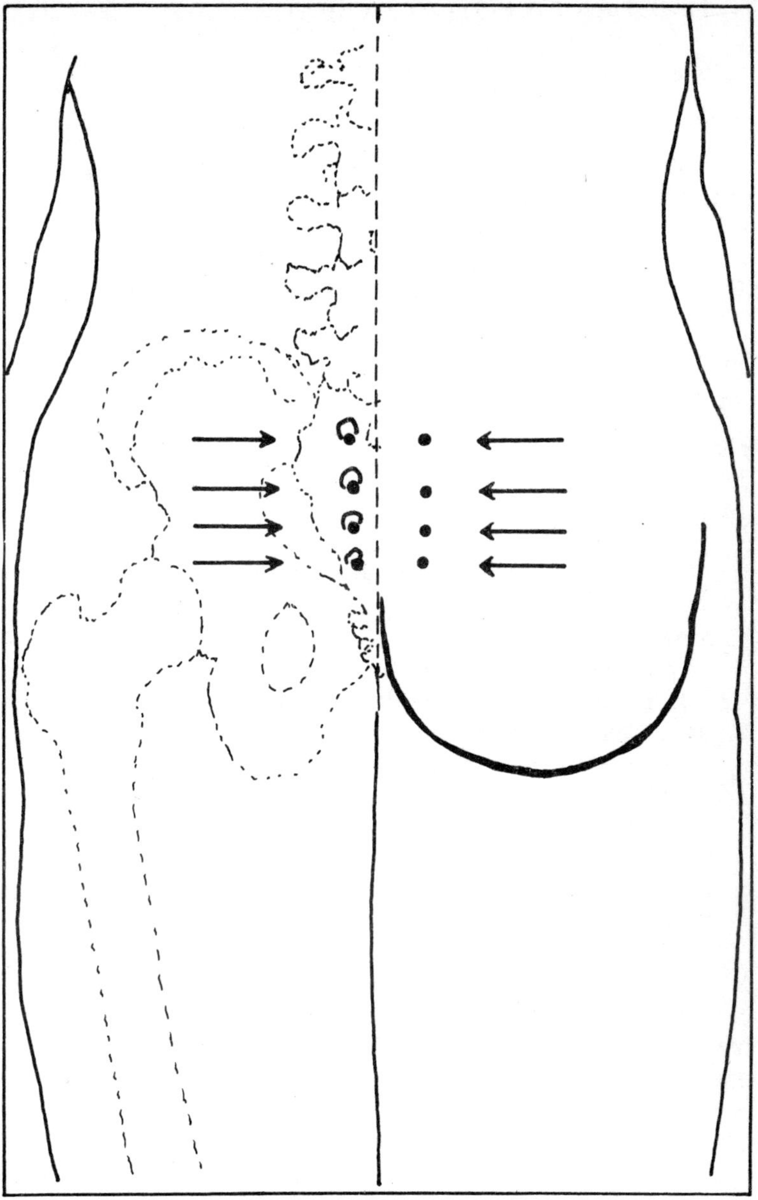

ESTIMULAR LA POTENCIA SEXUAL

Aplicación 7

Esta aplicación están compuesta por el punto 61 y por el grupo de puntos 62, 63, 64 y 65.

PUNTO 61: Doble

Situación:
A un Tsun y medio de la línea mediana, sobre la línea horizontal que pasa por el cuarto foramen del sacro.
Técnica:
La habitual (pág. 124).

PUNTOS 62 al 65: Dobles

Situación:
El punto 62, en el primer foramen del sacro, a la derecha y a la izquierda (es un punto doble). Los demás siguen en orden hasta el punto 65, situado en los dos agujeros inferiores, a derecha e izquierda.
Técnica:
La habitual (pág. 124), pero tratando todos los puntos al mismo tiempo. Se tratarán primero los puntos del lado derecho. Se utilizará el puño cerrado, haciendo los nudillos la función de los dedos.

La estimulación de estos puntos, en especial el 62, el 63, el 64 y el 65, proporciona un flujo de energía yang a los genitales. Esto en el sexo masculino se traduce por una erección más inmediata, y en el femenino por un mayor orgasmo.

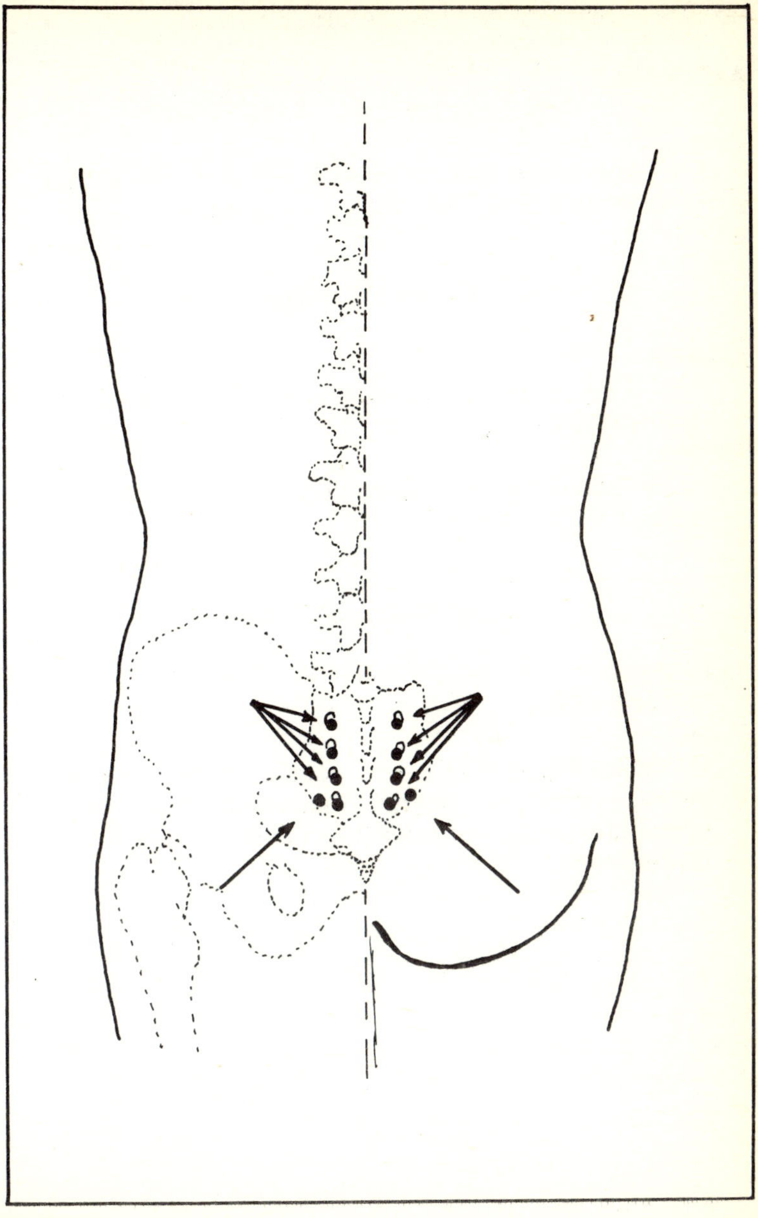

ESTIMULAR LA POTENCIA SEXUAL

Aplicación 8

Esta aplicación está compuesta por el punto 36, por el grupo de puntos 62, 63, 64 y 65, y por el punto 47.

PUNTO 36: Doble

Situación:

Tres Tsun encima del hueso del tobillo, en el borde posterior de la tibia.

Técnica:

La habitual (pág. 124). Se preferirá el método de sujeción (véase dibujo y pág. 81).

PUNTOS 62 al 65: Dobles

Situación:

Véase dibujo.

Técnica:

La habitual (pág. 124), pero tratando todos los puntos al mismo tiempo. Se tratarán primero en el lado derecho, utilizando el puño cerrado. Los nudillos harán la función de los dedos.

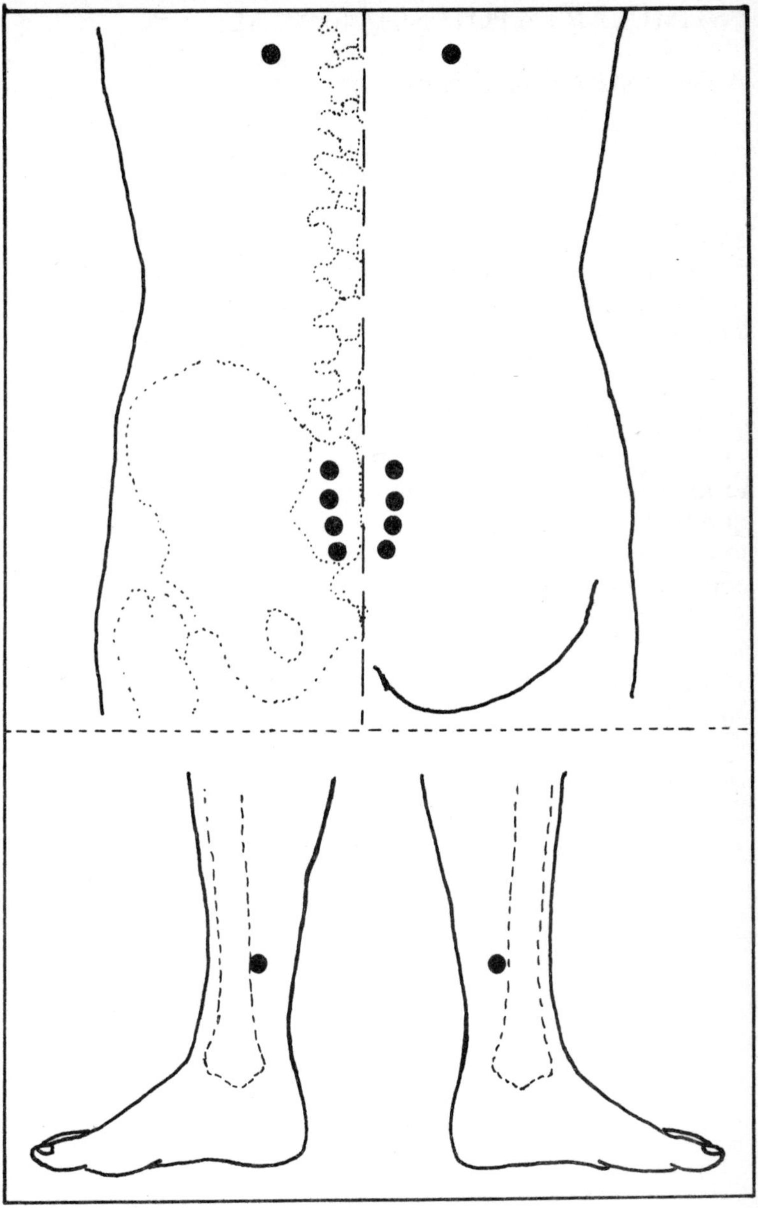

Aplicación 8 *(continuación)*

PUNTO 47: Doble

Situación:
A tres Tsun de la línea mediana, sobre la horizontal que pasa entre las vértebras dorsales novena y décima.
Técnica:
La habitual (pág. 124).

Esta aplicación, como las dos anteriores, sirve para trasvasar energía yang al área genital. El punto 47 está especialmente indicado, en combinación con los otros, para tratar desequilibrios en la energía de los órganos sexuales, masculinos y femeninos. El punto 36 es conocido por su acción sobre los genitales de ambos sexos.

ESTIMULAR LA POTENCIA SEXUAL

Aplicación 9

Esta aplicación está compuesta por los puntos 23, 24 y 25.

PUNTO 23: Doble

Situación:

A dos Tsun de distancia de la línea media, sobre la horizontal que pasa por el punto 17 (tres Tsun por debajo del ombligo).

Técnica:

La habitual (pág. 124), pero aplicando la presión con los dedos índice y medio, con la fuerza justa para arrastrar la piel al girar los dedos.

PUNTO 24: Doble

Situación:

Un Tsun por debajo del anterior.

Técnica:

Igual que en el punto anterior.

PUNTO 25: Doble

Situación:

Un Tsun por debajo del anterior.

Técnica:

Igual que la del punto 23.

Esta aplicación está indicada en ambos sexos, para mejorar afecciones leves de la energía genital.

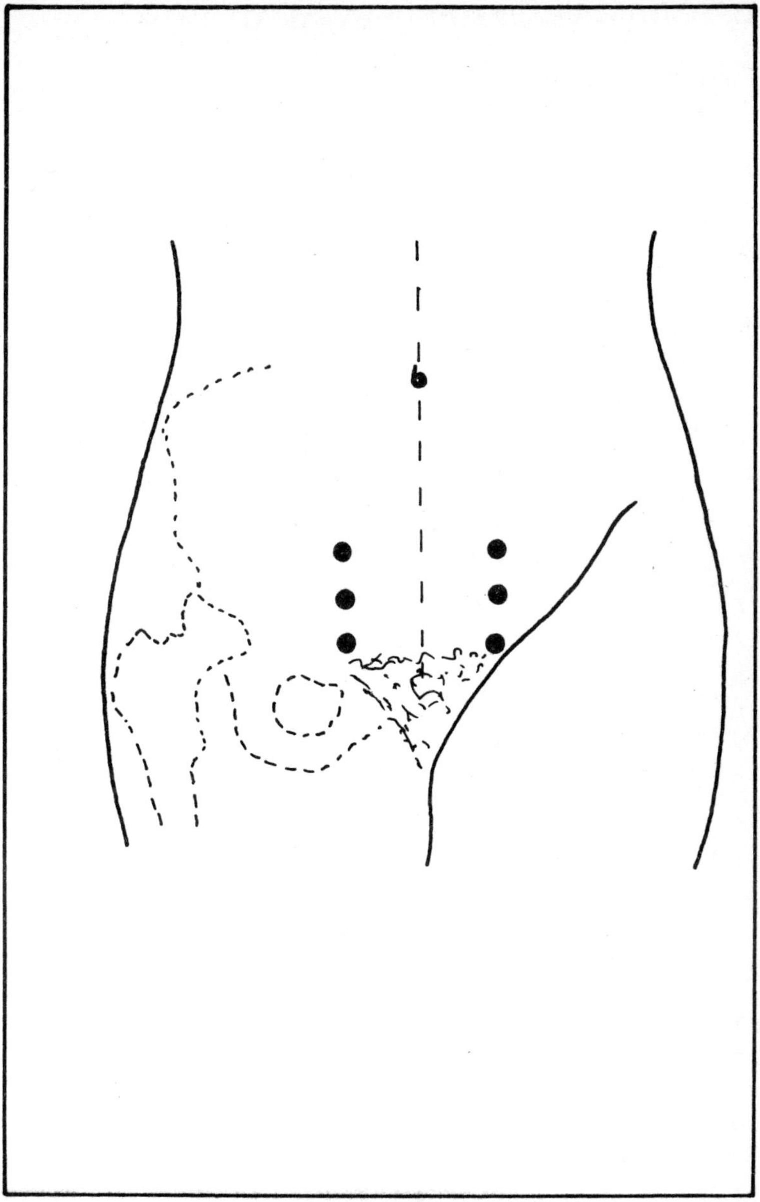

ESTIMULAR LA POTENCIA SEXUAL

Aplicación 10

Esta aplicación está compuesta por los puntos 8, 34 y 36.

PUNTO 8: Doble

Situación:
En el dorso de la mano, junto al segundo metacarpiano. Se localiza en el extremo del pulgar colocado sobre el espacio que separa el índice y pulgar de la otra mano.

Técnica:
La habitual (pág. 124). La presión puede ser opcionalmente de pinza. El ángulo de presión es siempre en dirección al segundo metacarpiano. Puede prescindirse del giro y aplicar una presión-relajación (véase pág. 80).

PUNTO 34: Doble

Situación:
Tres Tsun por debajo del ojo externo de la rótula y el ancho de un dedo hacia afuera (véase pág. 45).

Técnica:
La habitual (pág. 124), utilizando el método de sujeción, con el cual se ejerce mejor la presión en este punto.

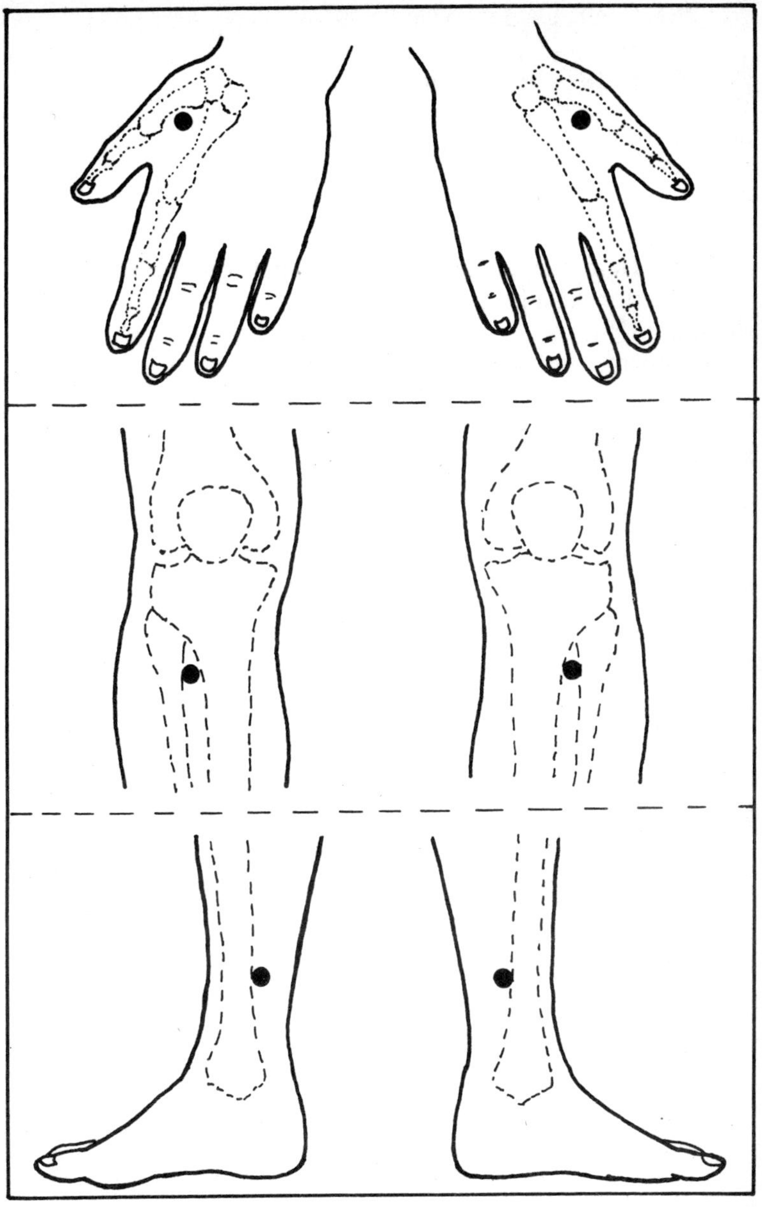

Aplicación 10 *(continuación)*

PUNTO 36: Doble

Situación:

Tres Tsun por encima del hueso del tobillo, en el borde posterior de la tibia.

Técnica:

La misma que en el punto anterior.

Relajación y estímulo energético, dirigidos al área genital, son las características de esta aplicación.

ESTIMULAR LA POTENCIA SEXUAL

Aplicación 11

Esta aplicación está compuesta por los puntos 43, 7 y 8.

PUNTO 43: Único

Situación:
En el hueco entre la séptima vértebra cervical y la primera dorsal.
Técnica:
La habitual (pág. 124).

PUNTO 7: Doble

Situación:
En el pliegue del codo al doblar el brazo. En una depresión entre el extremo del pliegue y la cabeza del húmero.
Técnica:
La habitual (pág. 124). Presionar en dirección al codo.

PUNTO 8: Doble

Situación:
En el dorso de la mano, junto al segundo metacarpiano. Se localiza en el extremo del pulgar, colocado sobre el espacio que separa el índice y el pulgar de la otra mano.
Técnica:
La habitual (pág. 124). La presión puede ser opcionalmente de pinza. El ángulo de presión será siempre en dirección al segundo metacarpiano. Puede prescindirse del giro y aplicar una presión-relajación (véase pág. 80).

Ésta es una clásica aplicación para estimular la vitalidad.

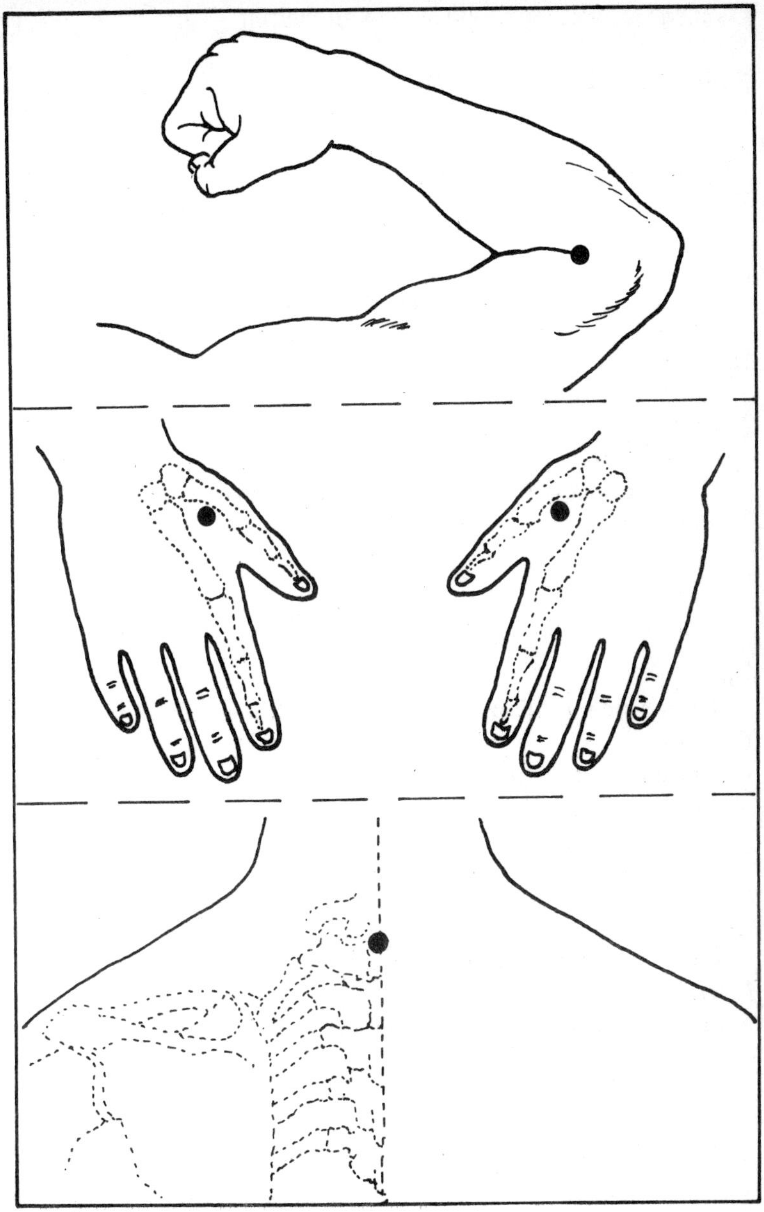

ESTIMULAR LA POTENCIA SEXUAL

Aplicación 12

Esta aplicación está compuesta por los puntos 20, 19, 18, 17 y 16.

PUNTO 20: Único

Situación:
En el centro del perineo, entre los genitales y el ano.
Técnica:
La habitual (pág. 124), pero la presión se aplicará con los dedos índice y medio, y con la fuerza justa para arrastrar la piel al girar.

PUNTO 19: Único

Situación:
En la línea mediana, en el borde del hueso del pubis.
Técnica:
Igual que en el punto anterior.

PUNTO 18: Único

Situación:
Cuatro Tsun por debajo del ombligo.
Técnica:
Igual que el punto 20.

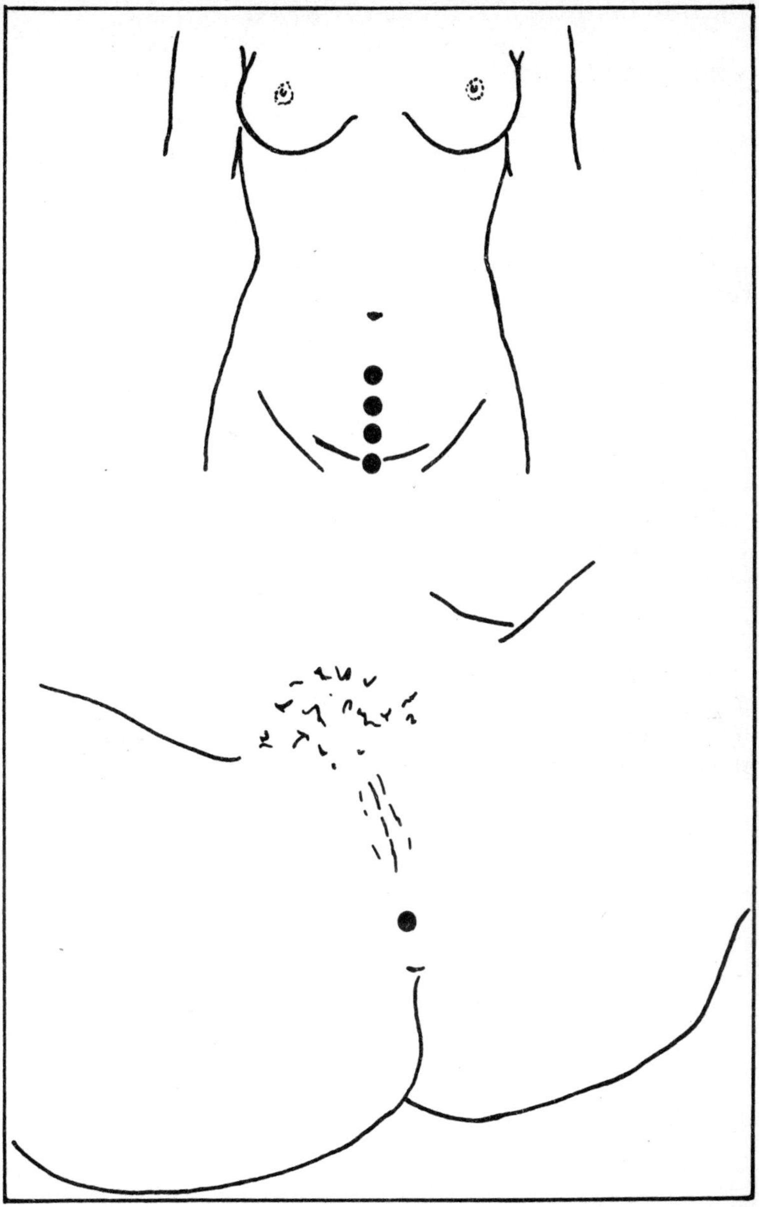

Aplicación 12 *(continuación)*

PUNTO 17: Único

Situación:
Un Tsun por encima del punto anterior.
Técnica:
Igual que el punto 20.

PUNTO 16: Único

Situación:
Un Tsun por encima del punto anterior, y dos Tsun por debajo del ombligo.
Técnica:
Igual que el punto 20.

Esta aplicación utiliza toda la cadena de puntos —excepto el 15— que se encuentra debajo del ombligo, en la línea media del cuerpo. Es una cadena tradicional en la estimulación sexual, y se utiliza incluso para la autoestimulación.

䷾

ESTIMULAR LA POTENCIA SEXUAL

Aplicación 13

Esta aplicación está compuesta por los puntos 36, 31, 46, 15, 22 y 41.

PUNTO 36: Doble

Situación:
Tres Tsun por encima del hueso del tobillo, en el borde posterior de la tibia.
Técnica:
La habitual (pág. 124). Se preferirá el método de sujeción, con el que puede ejercerse más fuerza (véase dibujo y pág. 81).

PUNTO 31: Doble

Situación:
Sentados ambos frente a frente, el que aplica el tratamiento apoyará las manos en las rodillas del otro. El centro de la palma coincidirá con la rótula. El punto se encontrará en el extremo del pulgar.
Técnica:
La habitual (pág. 124).

PUNTO 46: Doble

Situación:
A tres Tsun de la línea media en la espalda, sobre la horizontal que pasa entre las vértebras dorsales segunda y tercera.
Técnica:
La habitual (pág. 124).

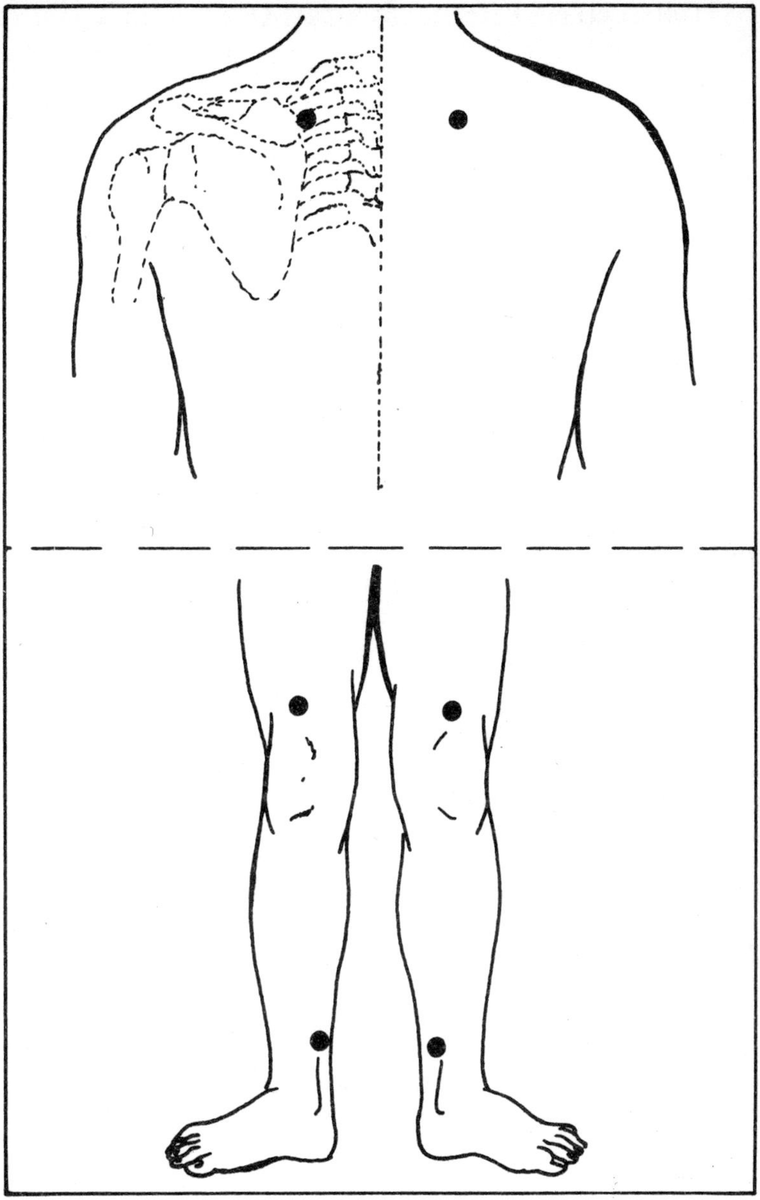

Aplicación 13 *(continuación)*

PUNTO 15: Único

Situación:
A un Tsun y medio por debajo del ombligo.
Técnica:
La habitual (pág. 124), pero la presión se aplicará con los dedos índice y medio y con la fuerza justa para arrastrar la piel al girar.

PUNTO 22: Doble

Situación:
A dos Tsun de distancia de la línea media, en la línea horizontal que pasa por el punto 16 (dos Tsun por debajo del ombligo).
Técnica:
La misma del punto anterior.

•

PUNTO 41: Doble

Situación:
En el ángulo exterior de la uña del segundo dedo del pie, a unos dos milímetros de la uña.
Técnica:
La habitual (pág. 124). La presión se aplicará por el sistema de pinza y con la punta del pulgar.

Este tratamiento prolonga e incrementa el orgasmo femenino, y mantiene la erección masculina.

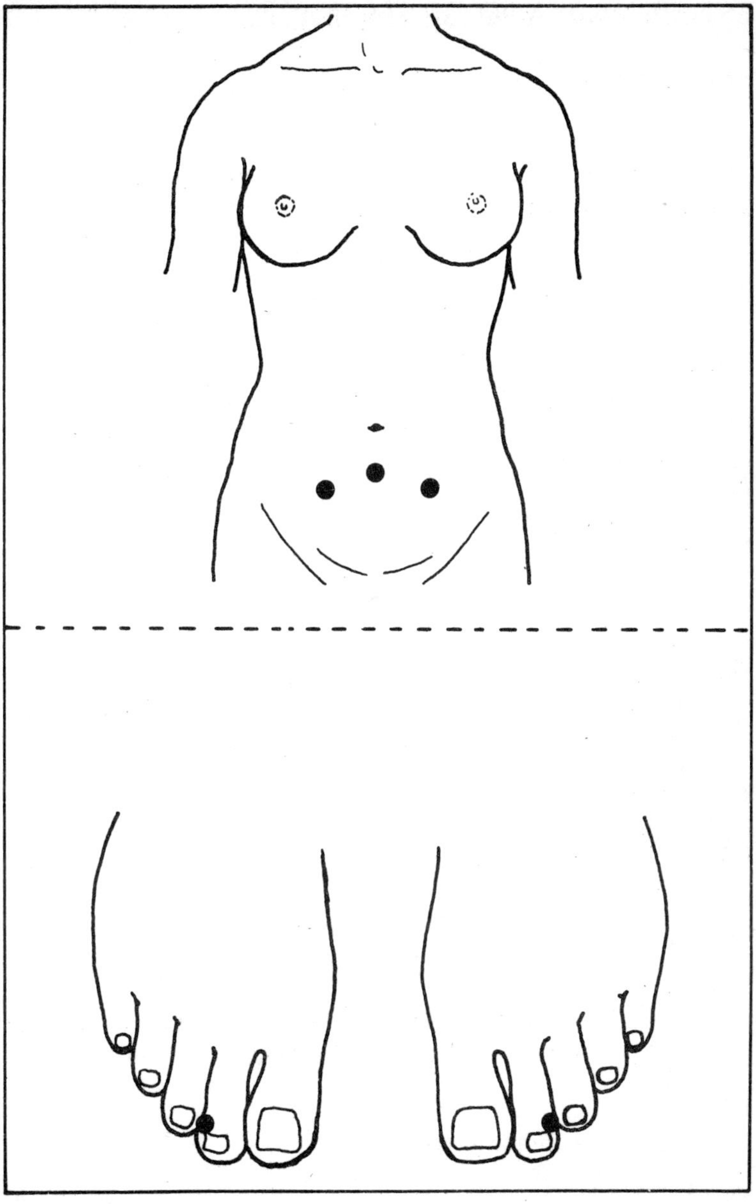

ESTIMULAR LA POTENCIA SEXUAL

Aplicación 14

Esta aplicación está compuesta por los puntos 48, 49, 50, 51, 55, 58, 52 y 36, así como por el grupo de puntos 62, 63, 64 y 65.

PUNTO 48: Doble

Situación:
A un Tsun y medio de la línea mediana en la espalda y sobre la horizontal que pasa entre las vértebras dorsales novena y décima.

Técnica:
La habitual (pág. 124).

PUNTO 49: Doble

Situación:
A un Tsun y medio de la línea mediana en la espalda y sobre la horizontal que pasa entre las vértebras dorsales décima y undécima.

Técnica:
La misma que en el punto 48.

PUNTO 50: Doble

Situación:
A un Tsun y medio de la línea mediana y sobre la horizontal que pasa entre las vértebras dorsales undécima y duodécima.

Técnica:
Igual que en el punto 48.

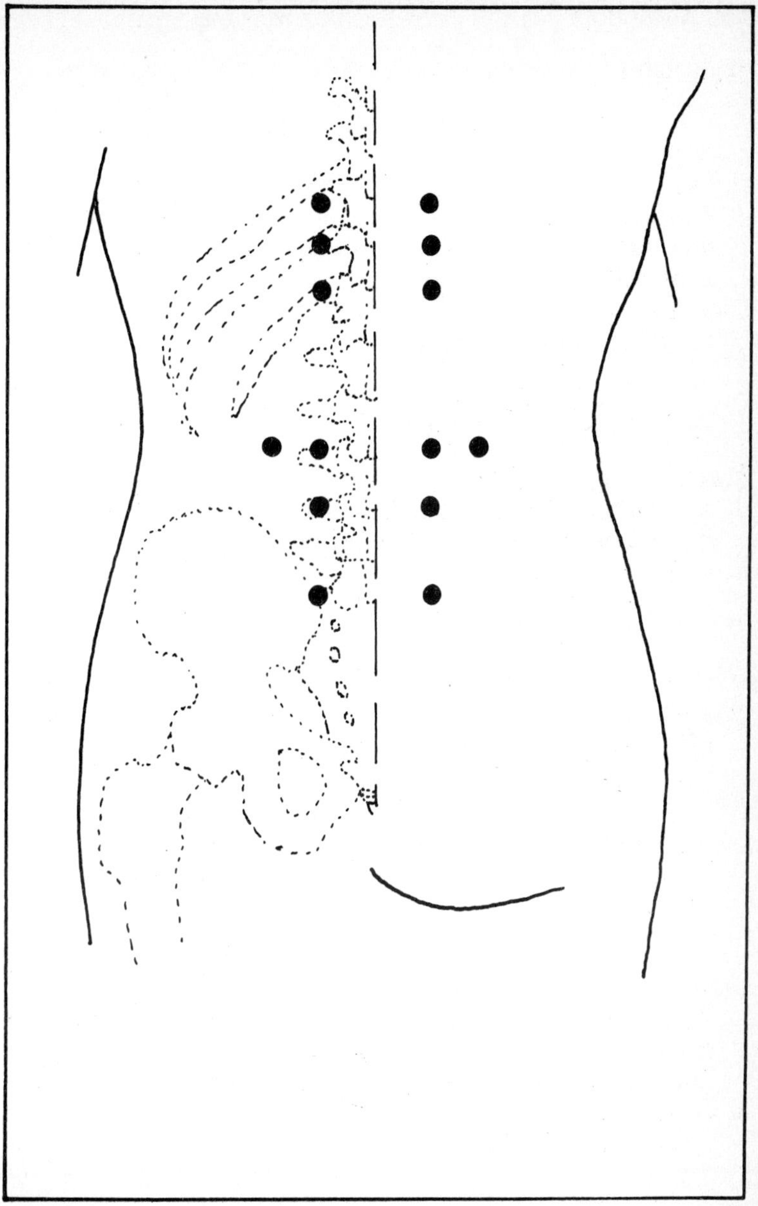

Aplicación 14 *(continuación)*

PUNTO 51: Doble

Situación:
A un Tsun y medio de la línea mediana, sobre la horizontal que pasa entre las vértebras lumbares segunda y tercera y el ombligo (línea del cinturón).
Técnica:
La misma que en el punto 48.

PUNTO 55: Doble

Situación:
A un Tsun y medio de la línea mediana. Sobre la horizontal que pasa entre las vértebras lumbares tercera y cuarta.
Técnica:
La misma que en el punto 48.

PUNTO 58: Doble

Situación:
Debajo de los anteriores. Sobre la horizontal que pasa por debajo de la quinta vértebra lumbar.
Técnica:
La misma que en el punto 48.

PUNTO 52: Doble

Situación:
A tres Tsun de la línea mediana. Sobre la misma horizontal que pasa por el punto 51 (línea cinturón), y el espacio entre las vértebras lumbares segunda y tercera.
Técnica:
La misma que en el punto 48.

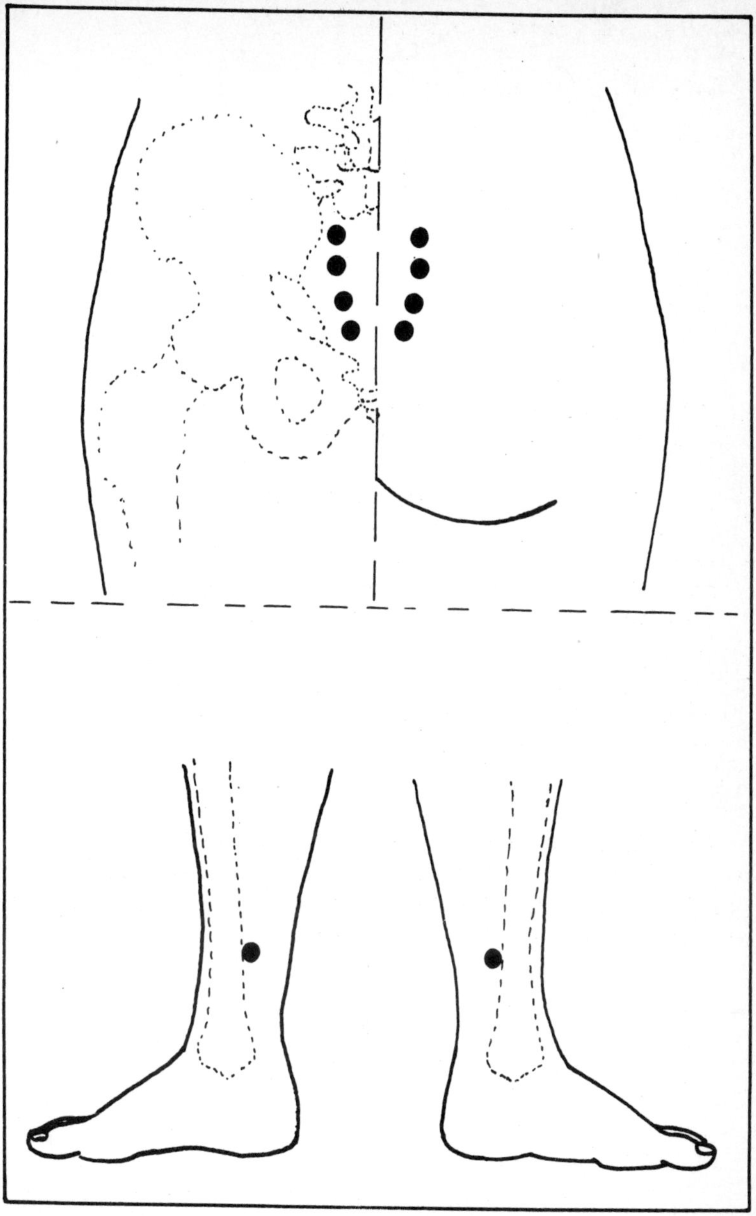

Aplicación 14 *(continuación)*

PUNTO 36: Doble

Situación:

Tres Tsun por encima del hueso del tobillo, en el borde posterior de la tibia.

Técnica:

La habitual (pág. 124), utilizando el método de sujeción, con el que se ejerce mejor la presión en ese punto.

PUNTOS 62 al 65: Dobles

Situación:

En orden descendiente, cada punto en un foramen o agujero del sacro.

Técnica:

La habitual (pág. 124), pero tratando todos los puntos al mismo tiempo, empezando por el lado derecho y utilizando el puño cerrado. Los nudillos harán la función de los dedos.

Esta última aplicación presupone, en quien la aplica, un gran dominio de la práctica, así como una gran fortaleza física. Es un tratamiento de fondo, cuyos efectos tardan más en comprobarse pero son más duraderos.

Once aplicaciones para controlar la eyaculación

Esquema de las técnicas de manipulación

Este esquema es un simple recordatorio. Si no se conocen a fondo las técnicas, es conveniente repasarlas a partir de la página 61, o de la página 86, donde se ofrece un resumen de las mismas.

A continuación se refieren las técnicas habituales para utilizar en las aplicaciones. En el tratamiento de algunos puntos se especifican técnicas diferentes que serán las que se utilicen en lugar de las habituales. Las técnicas 1, 2 y 3 de la preparación se realizarán sólo antes de la aplicación. La técnica 6 de la manipulación sólo se realizará después. El resto de las técnicas se repetirán para cada punto.

PREPARACIÓN

1. Tener en cuenta los siete principios básicos.
2. Realizar la preparación previa a las aplicaciones.
3. Preparar las manos.
4. Localizar los puntos, utilizando el Tsun de nuestra pareja.

MANIPULACIÓN

1. Colocar el dedo sobre el punto, mantenerlo inmóvil unos segundos sin iniciar la presión. Se mantendrá el contacto durante todo el tratamiento.

2. Subir el ch'i desde la puerta original hasta las manos.

3. Realizar una fuerte presión con el pulgar, en dirección perpendicular a la piel. Mantener la presión contando lentamente hasta ciento ocho, mientras se va girando el dedo en la dirección de las agujas del reloj. La presión y el movimiento se mantendrán mientras la persona que recibe el tratamiento esté expulsando el aire. Cuando inhale, se mantendrá la presión, pero cesará el movimiento.

4. Terminado el tratamiento, cesarán movimiento y presión. No obstante, se mantendrá el contacto entre el dedo y el punto durante unos segundos.

5. Comprobar si la pareja ha alcanzado el ch'i.

6. Relajarse ambos unos minutos antes de iniciar la práctica dual.

Siendo la primera condición del éxito evitar la eyaculación en la práctica dual, este grupo de aplicaciones tiene gran importancia para el componente masculino de la pareja.

La falta de control eyaculatorio puede tener causas yin o yang. Entre las once aplicaciones siguientes existen unas que estimulan la energía yang, y otras que estimulan la energía yin.

CONTROLAR LA EYACULACIÓN

Aplicación 1

Esta aplicación está compuesta por un solo punto, el 42.

PUNTO 42: Único

Situación:

Un Tsun por encima del pecho derecho.

Técnica:

La habitual (pág. 166), pero la presión se aplica con los dedos índice y medio de la mano izquierda. Es un punto de autotratamiento. Se apretará el punto siguiendo el método fijo, por el que se ejerce una presión fija y constante.

Este punto se utiliza sólo en el sexo masculino. Es una de las técnicas más antiguas y eficaces conocidas. La aplicación se realiza durante la práctica dual.

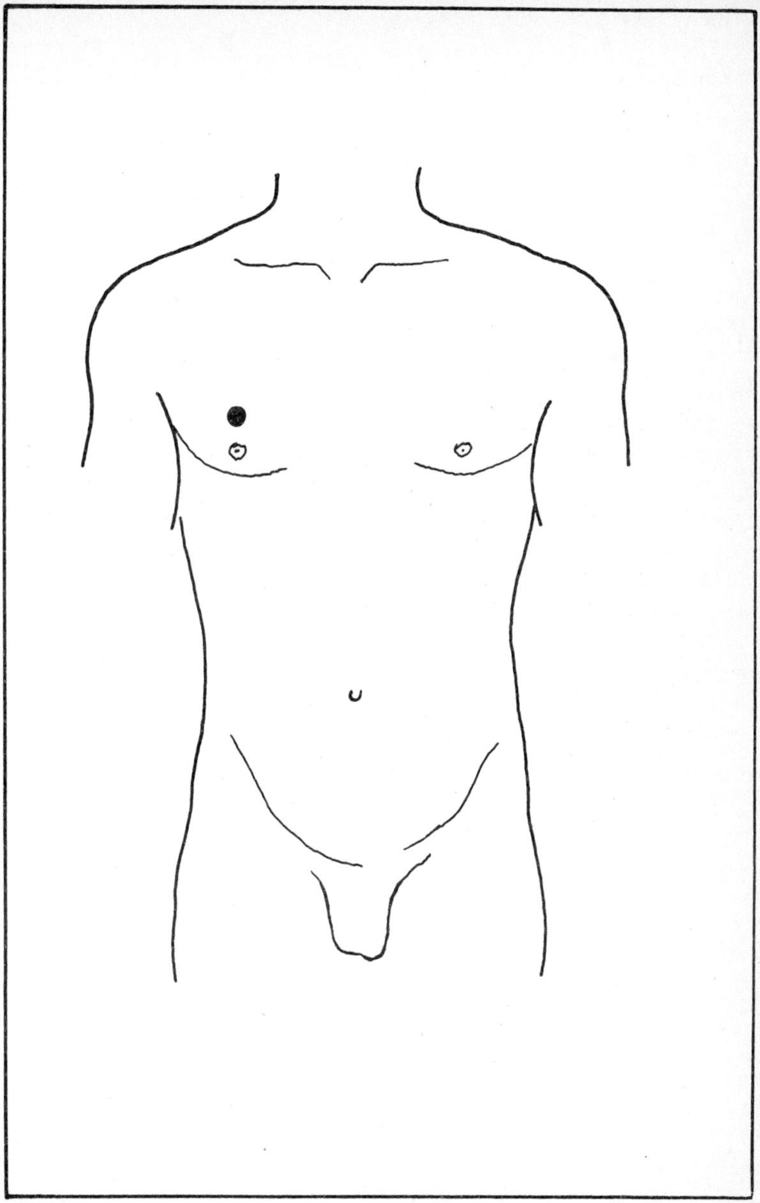

CONTROLAR LA EYACULACIÓN

Aplicación 2

Esta aplicación está compuesta por un solo punto, el 20.

PUNTO 20: Único

Situación:

En el centro del perineo, entre los genitales y el ano.

Técnica:

La habitual (pág. 166), pero se presionará el punto con el dedo medio, según el método de la presión-relajación (véase pág. 80).

Esta aplicación se realiza también durante la práctica dual.

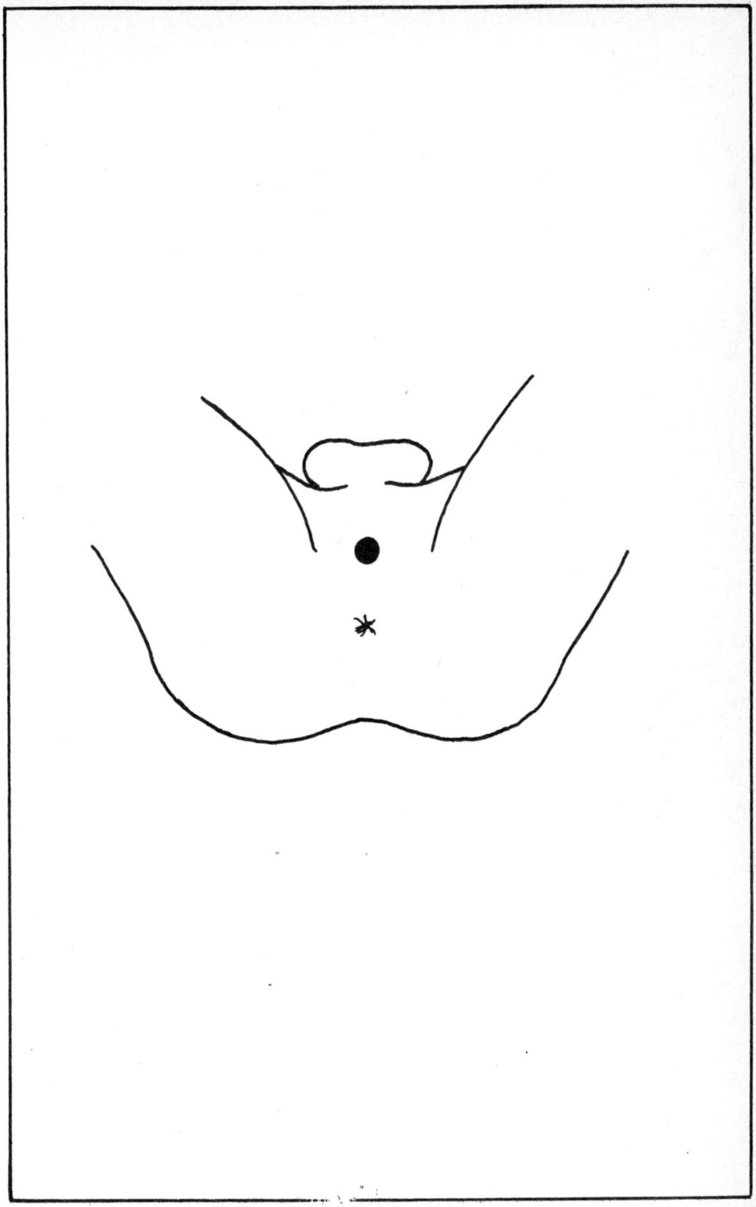

CONTROLAR LA EYACULACIÓN

Aplicación 3

Esta aplicación está compuesta por un solo punto, el 36.

PUNTO 36: Doble

Situación:
Tres Tsun por encima del hueso del tobillo, en el borde posterior de la tibia.

Técnica:
La habitual (pág. 166), utilizando el método de sujeción, con el que se ejerce mejor la presión sobre este punto. Se empleará el método de presión-relajación en lugar del circular (véase pág. 80).

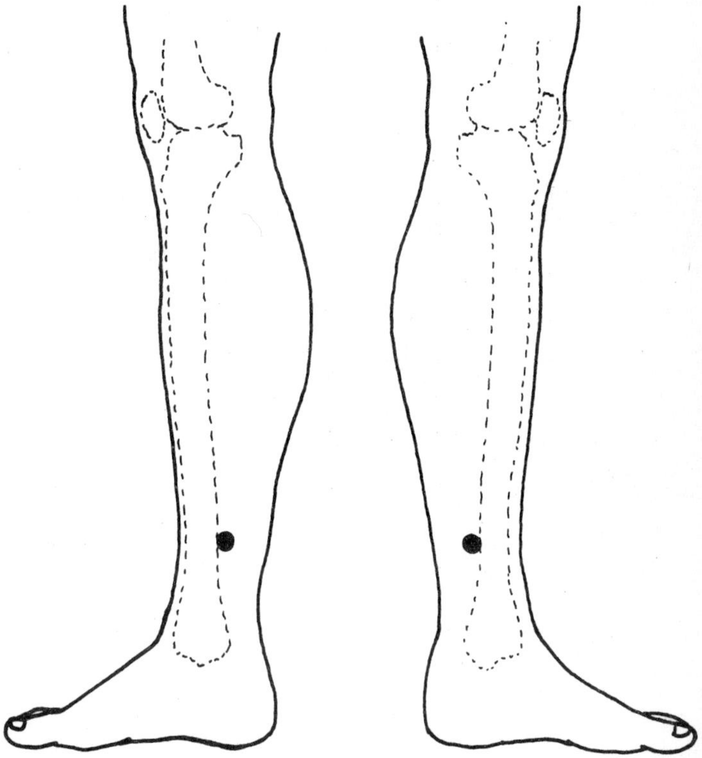

CONTROLAR LA EYACULACIÓN

Aplicación 4

Esta aplicación está compuesta por los puntos 17 y 36.

PUNTO 17: Único

Situación:
Tres Tsun por debajo del ombligo.
Técnica:
La habitual (pág. 166), pero la presión se ejercerá por el método de presión-relajación, ejerciendo una presión moderada con los dedos índice y medio (véase pág. 80).

PUNTO 36: Doble

Situación:
Tres Tsun por encima del hueso del tobillo, en el borde posterior de la tibia.
Técnica:
La habitual (pág. 166) y utilizando el método de presión-relajación en lugar del circular (véase pág. 80).

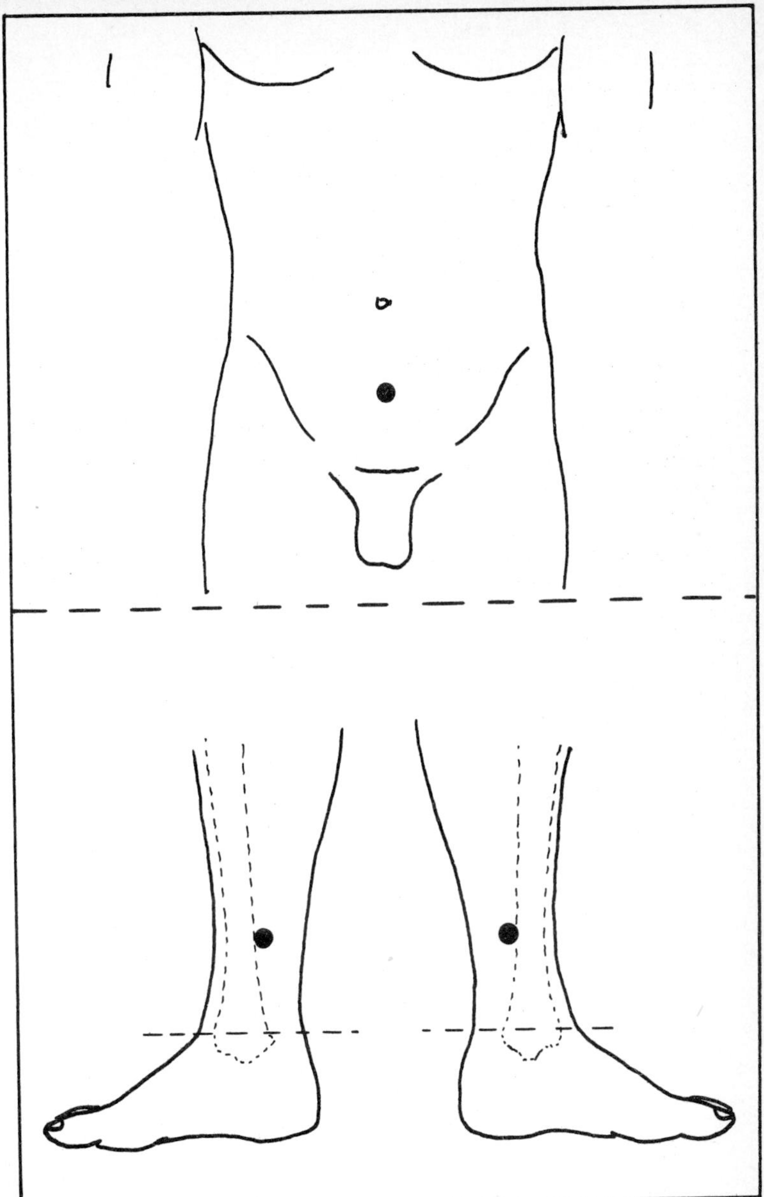

CONTROLAR LA EYACULACIÓN

Aplicación 5

Esta aplicación está compuesta por un solo punto, el 15.

PUNTO 15: Único

Situación:
Un Tsun y medio por debajo del ombligo.

Técnica:
La habitual (pág. 166), pero la presión se ejercerá con los dedos índice y medio, con la fuerza justa para poder arrastrar la piel al girar el dedo.

Esta aplicación se utiliza si la falta de control eyaculatorio es debida al cansancio.

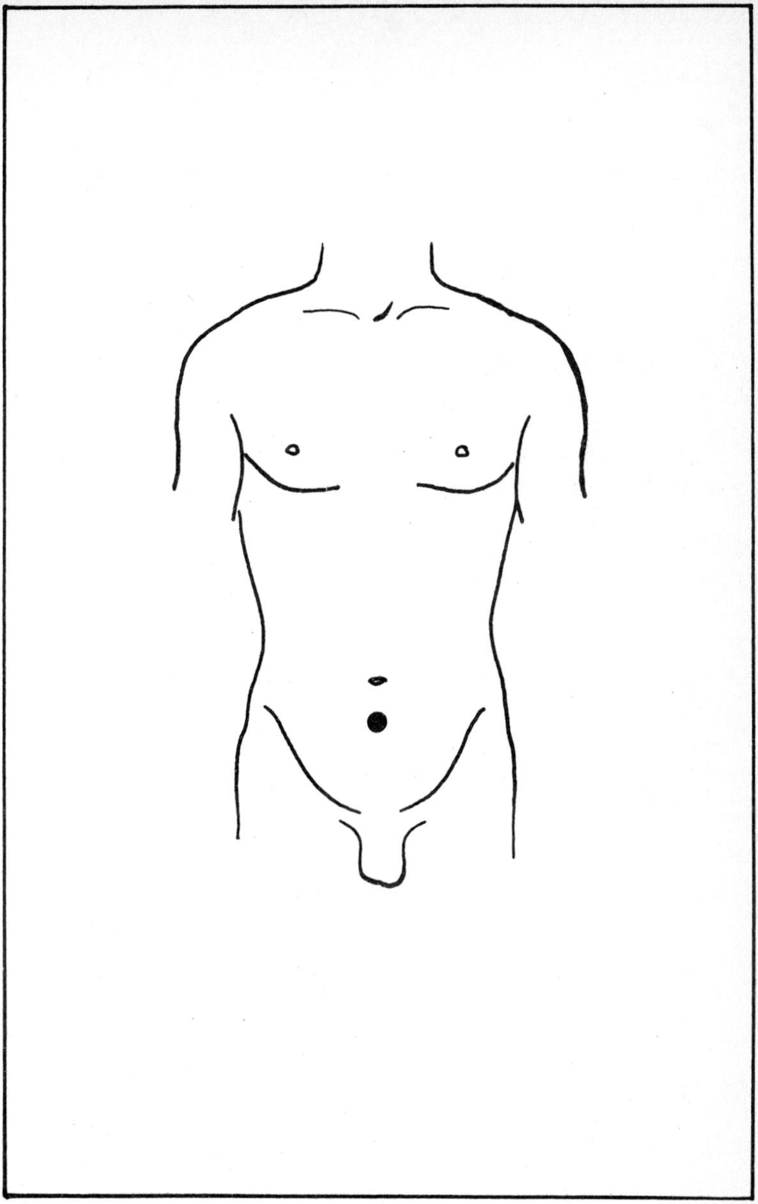

CONTROLAR LA EYACULACIÓN

Aplicación 6

Esta aplicación está compuesta por los puntos 3, 20 y 51.

PUNTO 3: Único

Situación:
En la línea media del labio superior, a un tercio de la nariz.
Técnica:
La habitual (pág. 166), pero la presión se aplicará por el método fijo, por el que se aplica una presión constante. Ésta se realizará en dirección a la base de la nariz.

PUNTO 20: Único

Situación:
En el centro del perineo, entre los genitales y el ano.
Técnica:
La habitual (pág. 166), pero se presionará el punto con el dedo medio, según el método de la presión constante o método fijo.

PUNTO 51: Doble

Situación:
A un Tsun y medio de la línea mediana en la espalda, sobre la horizontal que pasa entre las vértebras lumbares segunda y tercera y por el ombligo (línea del cinturón).
Técnica:
La habitual (pág. 166), excepto la presión, que será constante como en los puntos anteriores y se prescindirá de giros.

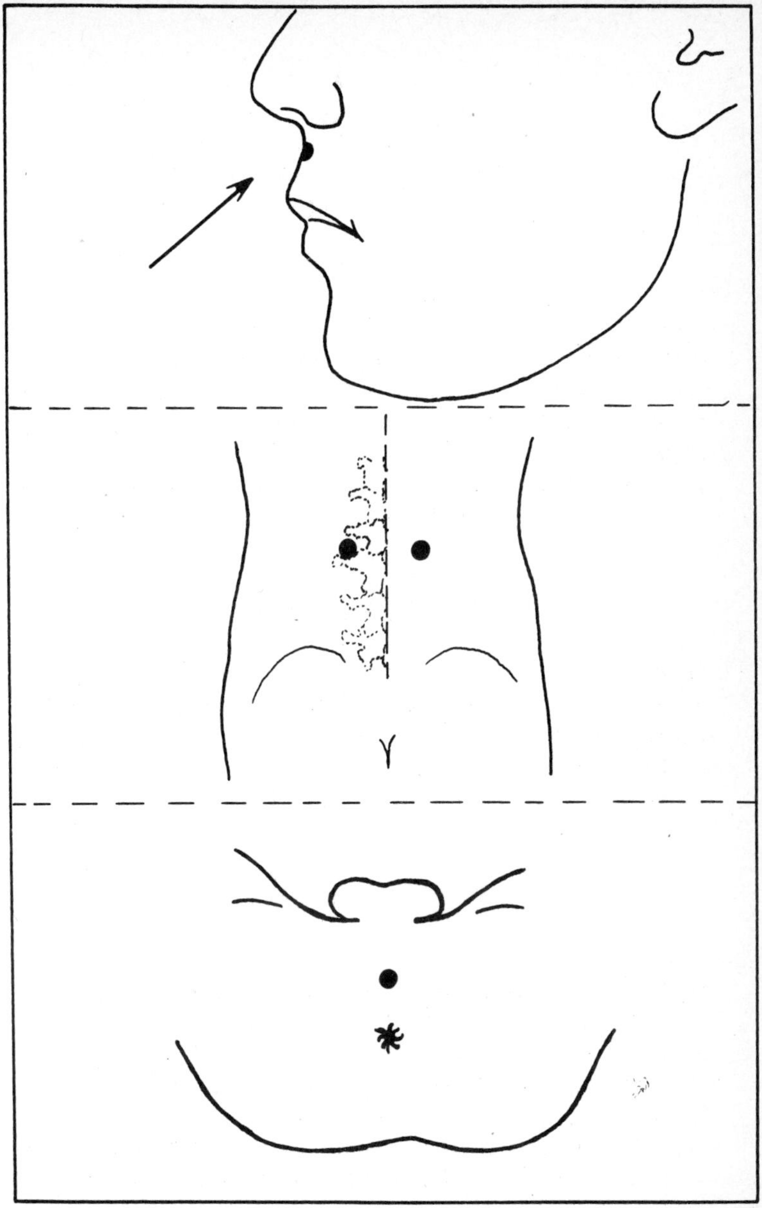

CONTROLAR LA EYACULACIÓN

Aplicación 7

Esta aplicación está compuesta por los puntos 51, 52 y 36.

PUNTO 51: Doble

Situación:

A un Tsun y medio de la línea mediana, en la espalda, y sobre la horizontal que pasa entre las vértebras lumbares segunda y tercera y por el ombligo (línea del cinturón).

Técnica:

La habitual (pág. 166), excepto la presión, que será constante y sin girar los dedos.

PUNTO 52: Doble

Situación:

A tres Tsun de la línea mediana, en la misma horizontal del punto anterior.

Técnica:

La misma del punto anterior.

PUNTO 36: Doble

Situación:

Tres Tsun por encima del hueso del tobillo, en el borde posterior de la tibia.

Técnica:

La misma del punto 51, utilizando el método de sujeción.

Esta aplicación se utiliza también para combatir la impotencia. (Véase «COMBATIR LA IMPOTENCIA», aplicación 5.)

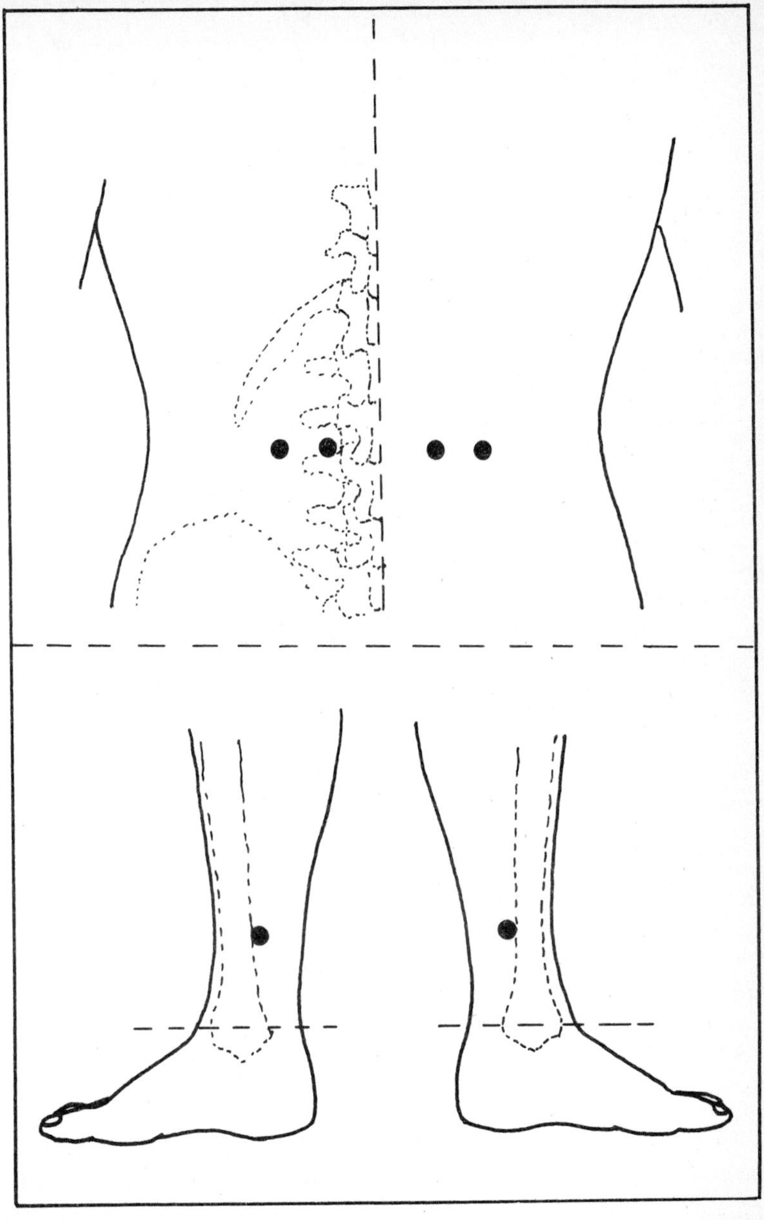

CONTROLAR LA EYACULACIÓN

Aplicación 8

Esta aplicación está compuesta por los puntos 3, 4 y 60.

PUNTO 3: Único

Situación:

En la línea media del labio superior, a un tercio de la nariz.

Técnica:

La habitual (pág. 166), pero la presión se aplicará por el método fijo, por el que se ejerce una presión constante realizada en dirección a la base de la nariz.

PUNTO 4: Único

Situación:

Debajo del anterior, justo en el borde del labio.

Técnica:

La habitual (pág. 166), pero la presión se aplicará por el método fijo, por medio del sistema de pinza.

PUNTO 60: Doble

Situación:

A un Tsun y medio de la línea mediana en la espalda, sobre la horizontal que pasa por el segundo foramen del sacro, en un surco vertical que se percibe al tacto.

Técnica:

La habitual (pág. 166), ejerciendo la presión por el método fijo.

Este tratamiento se utilizará en el caso de pérdida de control debida a un estado de tensión. Una vez aplicado el tratamiento, se debe llegar a un estado de relajación que elimine la ansiedad.

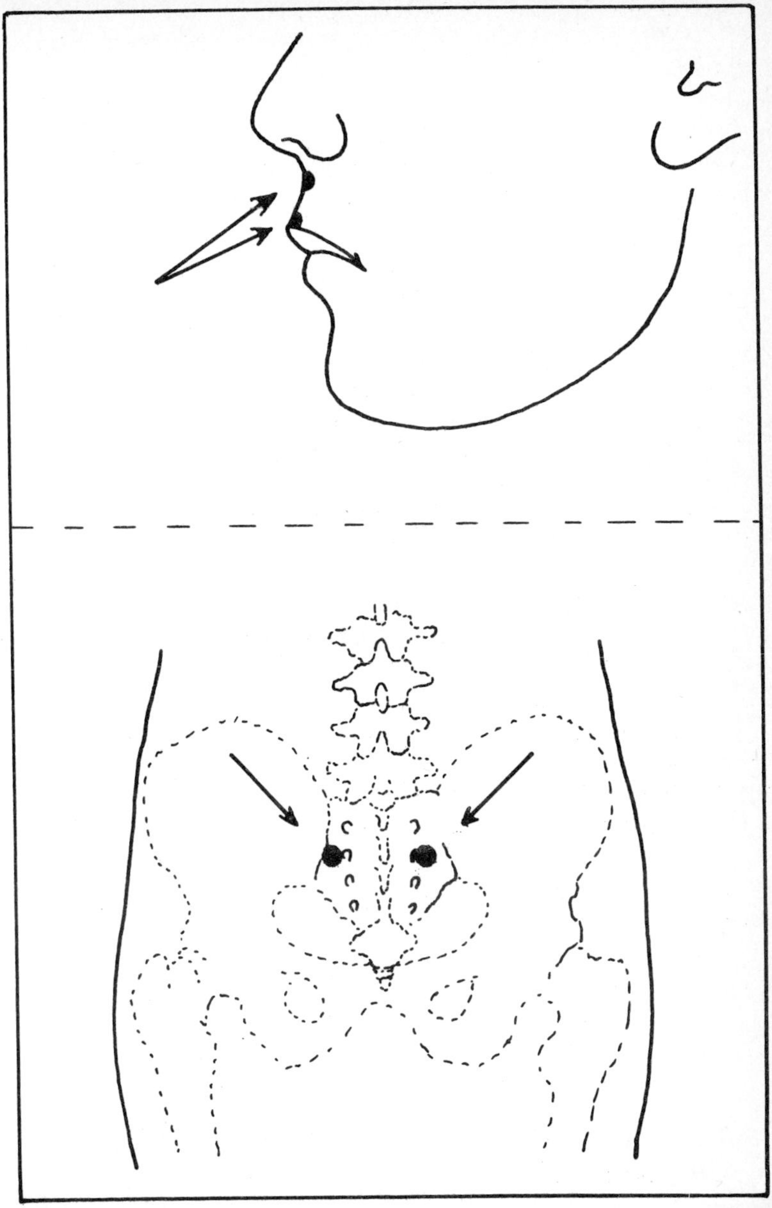

CONTROLAR LA EYACULACIÓN

Aplicación 9

Esta aplicación está compuesta por el punto 57 y por el grupo de puntos 62, 63, 64 y 65.

PUNTO 57: Doble

Situación:

A un Tsun y medio de la línea mediana, en la espalda, sobre la horizontal que pasa entre las vértebras lumbares cuarta y quinta.

Técnica:

La habitual (pág. 166), pero la presión será constante y sin girar.

PUNTOS 62, 63, 64 y 65: Dobles

Situación:

Cada punto en un foramen o agujero del sacro.

Técnica:

La habitual (pág. 166), pero con presión-relajación, aplicada con la base de la mano o con el puño cerrado.

Este tratamiento mantiene la erección y retarda el orgasmo masculino.

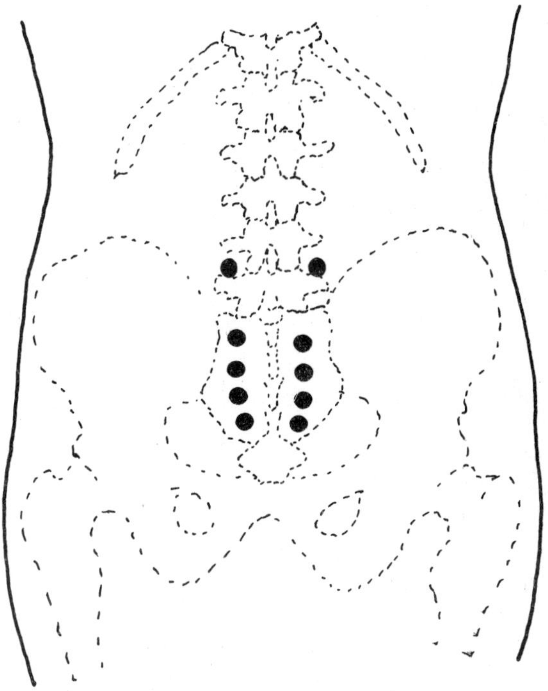

Aplicación 10

Esta aplicación está compuesta por los puntos 18, 17, 51 y 36.

PUNTO 18: Único

Situación:
Cuatro Tsun por debajo del ombligo.
Técnica:
La habitual (pág. 166), pero la presión se ejercerá por el método de presión-relajación, ejerciendo una presión moderada con los dedos índice y medio (véase pág. 80).

PUNTO 17: Único

Situación:
Tres Tsun por debajo del ombligo.
Técnica:
La misma que en el punto anterior.

PUNTO 51: Doble

Situación:
A un Tsun y medio de la línea mediana, en la espalda, y sobre la horizontal que pasa entre las vértebras lumbares segunda y tercera, así como por el ombligo (línea del cinturón).
Técnica:
La habitual (pág. 166), excepto la presión, que se realizará por el método de presión-relajación.

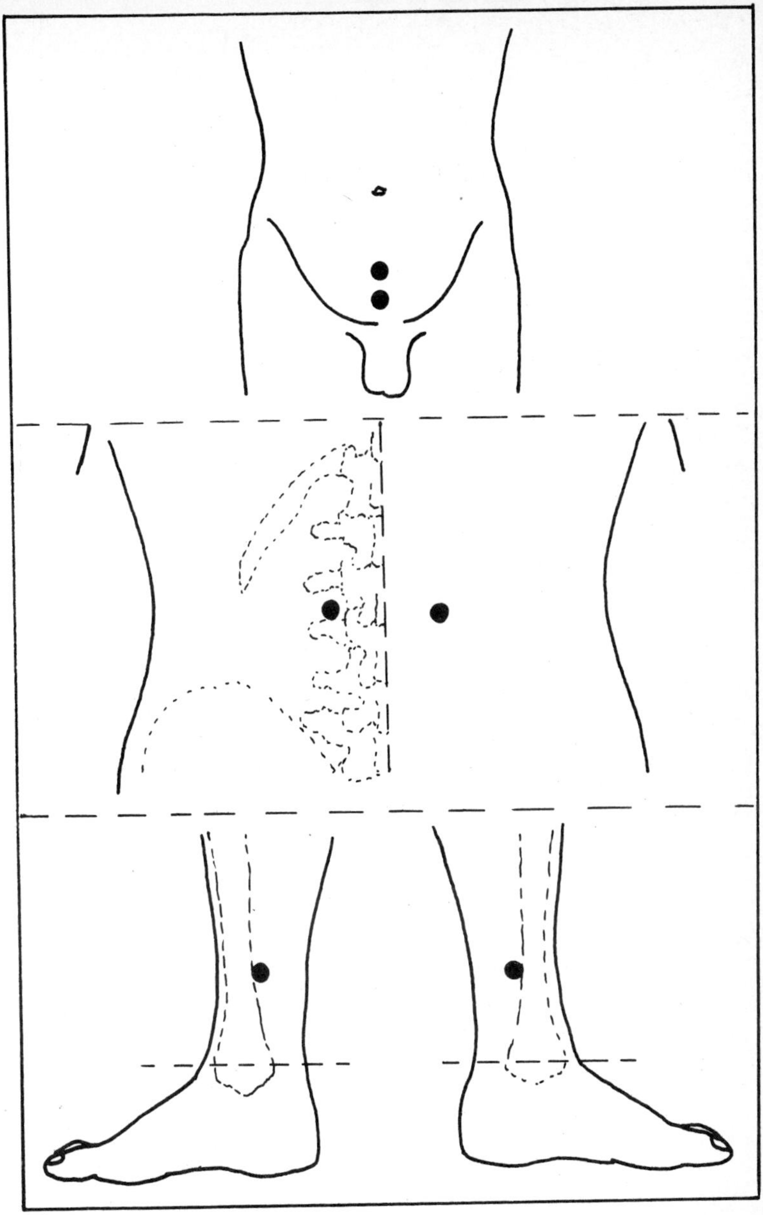

Aplicación 10 *(continuación)*

PUNTO 36: Doble

Situación:

Tres Tsun por encima del hueso del tobillo, en el borde posterior de la tibia.

Técnica:

La misma del punto anterior, utilizando el método de sujeción.

CONTROLAR LA EYACULACIÓN

Aplicación 11

Esta aplicación está compuesta por los puntos 9, 11, 30 y 26.

PUNTO 9: Doble

Situación:

En la palma de la mano, junto a la cabeza del primer metacarpiano, en el límite donde cambia el tono de la piel de rosa a blanco.

Técnica:

La habitual (pág. 166), utilizando el método de pinza, con el pulgar en el punto y el resto de los dedos en el dorso de la mano.

PUNTO 11: Doble

Situación:

Dos Tsun por encima del pliegue de la muñeca, entre los dos tendones.

Técnica:

La habitual (pág. 166).

PUNTO 30: Doble

Situación:

Dos Tsun por debajo del pliegue de la ingle. Un Tsun por debajo del lugar donde se siente el latido de la arteria femoral, en la cara interna del muslo.

Técnica:

La habitual (pág. 166). La presión será suave, en dirección al músculo y evitando presionar la arteria.

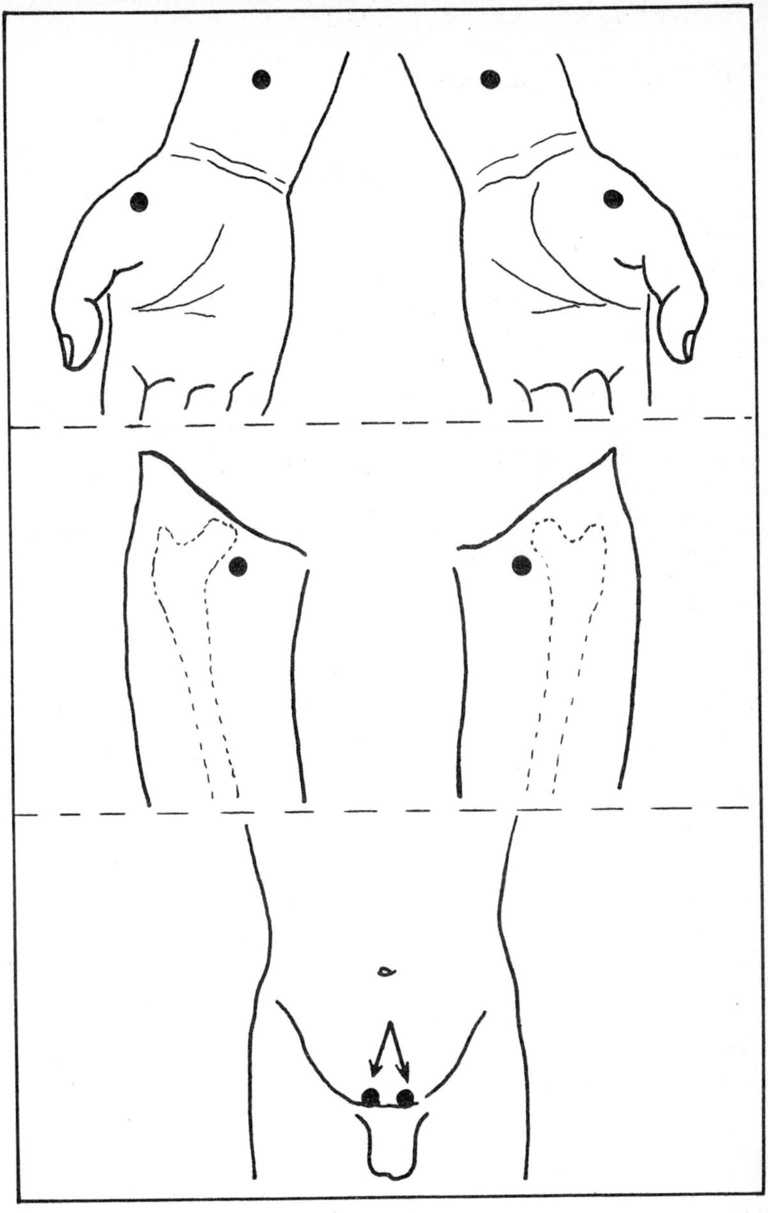

Aplicación 11 *(continuación)*

PUNTO 26: Doble

Situación:

En el borde superior del hueso del pubis, entre los puntos 19 y 25. A medio Tsun del primero y a un Tsun y medio del segundo.

Técnica:

La habitual (pág. 166), pero aplicando la presión con los dedos índice y medio, según la técnica de la presión-relajación. Este punto se encuentra a mayor profundidad de lo habitual, por lo que la presión deberá ejercerse con más intensidad, teniendo el máximo cuidado para no dañar al que recibe la aplicación.

䷾

Once aplicaciones para combatir la impotencia

Esquema de las técnicas de manipulación

Este esquema es un simple recordatorio. Si no se conocen a fondo las técnicas, es conveniente repasarlas a partir de la página 61, o de la página 86, donde se ofrece un resumen de las mismas.

A continuación se refieren las técnicas habituales para utilizar en las aplicaciones. En el tratamiento de algunos puntos se especifican técnicas diferentes que serán las que se utilicen en lugar de las habituales. Las técnicas 1, 2 y 3 de la preparación se realizarán sólo antes de la aplicación. La técnica 6 de la manipulación sólo se realizará después. El resto de las técnicas se repetirán para cada punto.

PREPARACIÓN

1. Tener en cuenta los siete principios básicos.
2. Realizar la preparación previa a las aplicaciones.
3. Preparar las manos.
4. Localizar los puntos, utilizando el Tsun de nuestra pareja.

MANIPULACIÓN

1. Colocar el dedo sobre el punto, mantenerlo inmóvil unos segundos sin iniciar la presión. Se mantendrá el contacto durante todo el tratamiento.
2. Subir el ch'i desde la puerta original hasta las manos.
3. Realizar una fuerte presión con el pulgar, en dirección perpendicular a la piel. Mantener la presión contando lentamente hasta ciento ocho, mientras se va girando el dedo en la dirección de las agujas del reloj. La presión y el movimiento se mantendrán mientras la persona que recibe el tratamiento esté expulsando el aire. Cuando inhale, se mantendrá la presión, pero cesará el movimiento.
4. Terminado el tratamiento, cesarán movimiento y presión. No obstante, se mantendrá el contacto entre el dedo y el punto durante unos segundos.
5. Comprobar si la pareja ha alcanzado el ch'i.
6. Relajarse ambos unos minutos antes de iniciar la práctica dual.

La dificultad eyaculatoria, la erección incompleta o débil, la ausencia de erección cuando ésta existió anteriormente, y la disminución en la frecuencia de erecciones, son problemas que se combaten con eficacia gracias a las once aplicaciones que se describen a continuación. Aunque en ocasiones los efectos son inmediatos, más a menudo el éxito depende de la perseverancia en las aplicaciones.

Los casos más graves a los anteriormente citados son competencia del médico especialista.

No conviene iniciar la práctica dual sin haber alcanzado un restablecimiento de las anteriores facultades, so riesgo de que el resultado sea muy destructivo a nivel energético.

La mayoría de las siguientes aplicaciones ofrecen diferentes matices que sólo la práctica puede enseñar. El más leve de estos matices basta para que una aplicación sea eficaz o deje de serlo.

COMBATIR LA IMPOTENCIA

Aplicación 1

Esta aplicación está compuesta por un solo punto, el 25.

PUNTO 25: Doble

Situación:
A dos Tsun de distancia de la línea mediana, en el vientre, y sobre la horizontal que pasa por el punto 19 (unos cinco Tsun por debajo del ombligo).

Técnica:
La habitual (pág. 194), pero aplicando la presión con los dedos índice y medio, y con la fuerza justa para arrastrar la piel con los dedos al girar éstos.

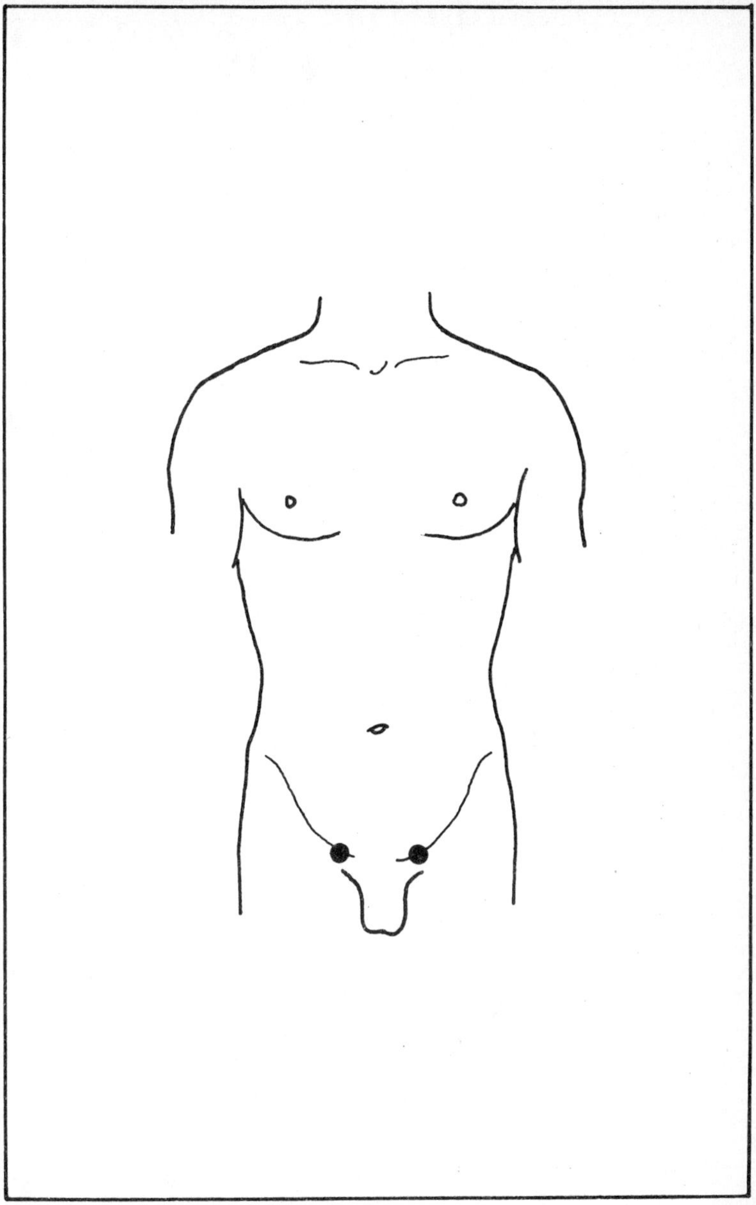

Aplicación 2

Esta aplicación está compuesta por los puntos 17 y 51.

PUNTO 17: Único

Situación:

Tres Tsun por debajo del ombligo.

Técnica:

La habitual (pág. 194), pero aplicando la presión con los dedos índice y medio, y con la fuerza justa para arrastrar la piel con los dedos al girar éstos.

PUNTO 51: Doble

Situación:

A un Tsun y medio de la línea mediana, sobre la horizontal que pasa entre las vértebras lumbares segunda y tercera, así como por el ombligo (línea del cinturón).

Técnica:

La habitual (pág. 194).

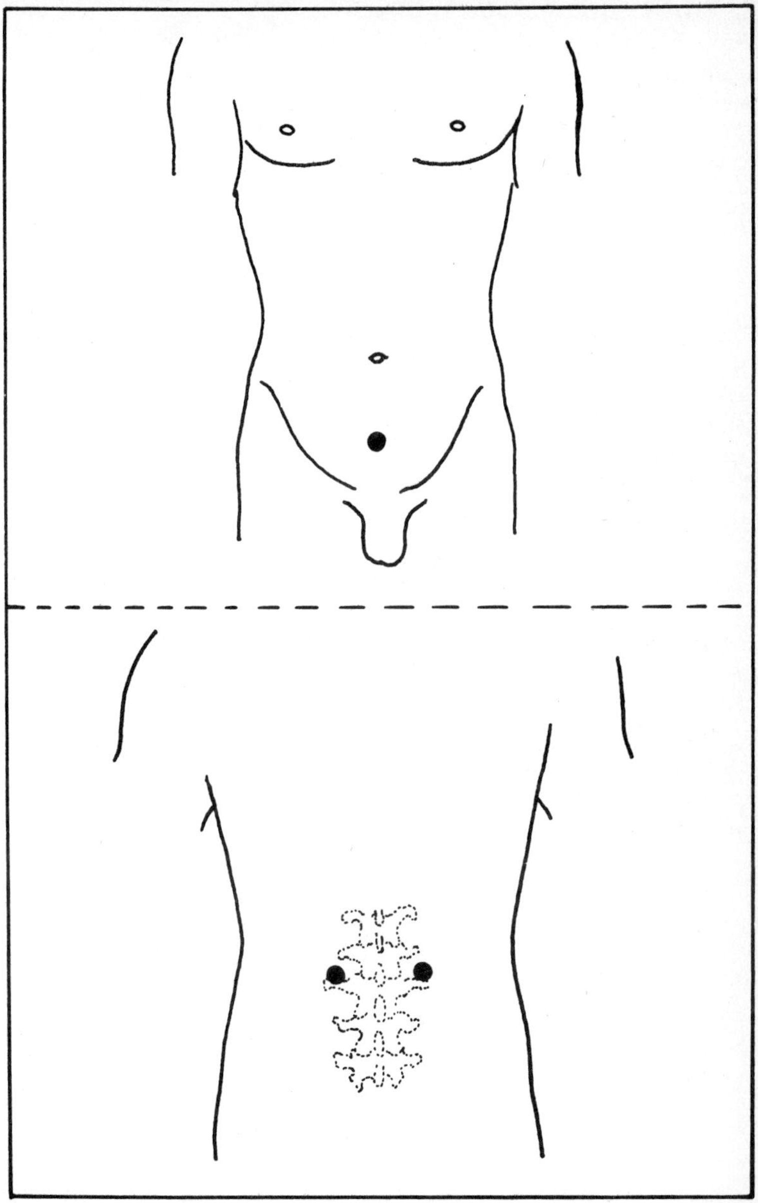

COMBATIR LA IMPOTENCIA

Aplicación 3

Esta aplicación está compuesta por los puntos 17 y 36.

PUNTO 17: Único

Situación:

Tres Tsun por debajo del ombligo.

Técnica:

La habitual (pág. 194), pero aplicando la presión con los dedos índice y medio, con la fuerza justa para arrastrar la piel con los dedos al girar éstos.

PUNTO 36: Doble

Situación:

Tres Tsun por encima del hueso del tobillo, en el borde posterior de la tibia.

Técnica:

La habitual (pág. 194), pero utilizando el método de sujeción, con el que se ejerce mejor la presión en este punto (véase pág. 81).

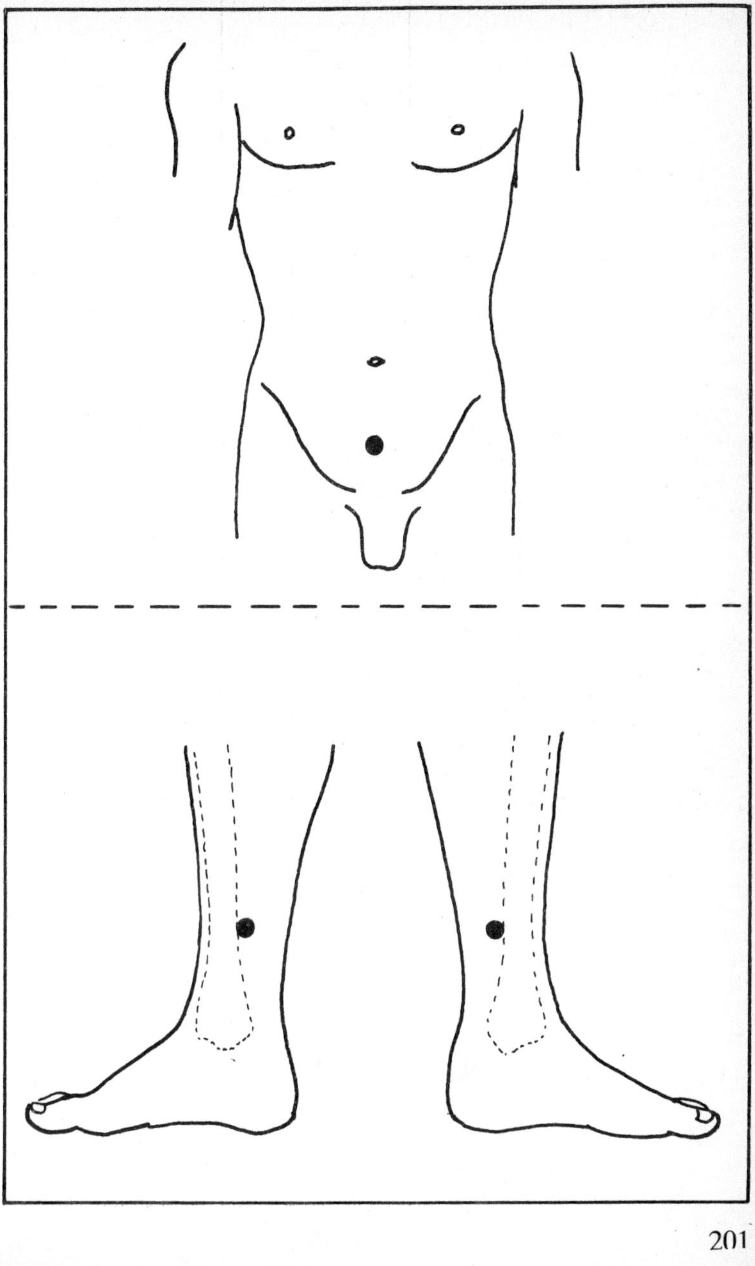

Aplicación 4

Esta aplicación está compuesta por los puntos 17, 38 y 34.

PUNTO 17: Único

Situación:
Tres Tsun por debajo del ombligo.
Técnica:
La habitual (pág. 194), pero aplicando la presión con los dedos índice y medio, y con la fuerza justa para arrastrar la piel con los dedos al girar éstos.

PUNTO 38: Doble

Situación:
Hacia la mitad de la línea horizontal que une el extremo del hueso del tobillo y el tendón de Aquiles. Existe un ligero latido en el lugar correcto.
Técnica:
La habitual (pág. 194), ejerciendo la presión en forma de pinza.

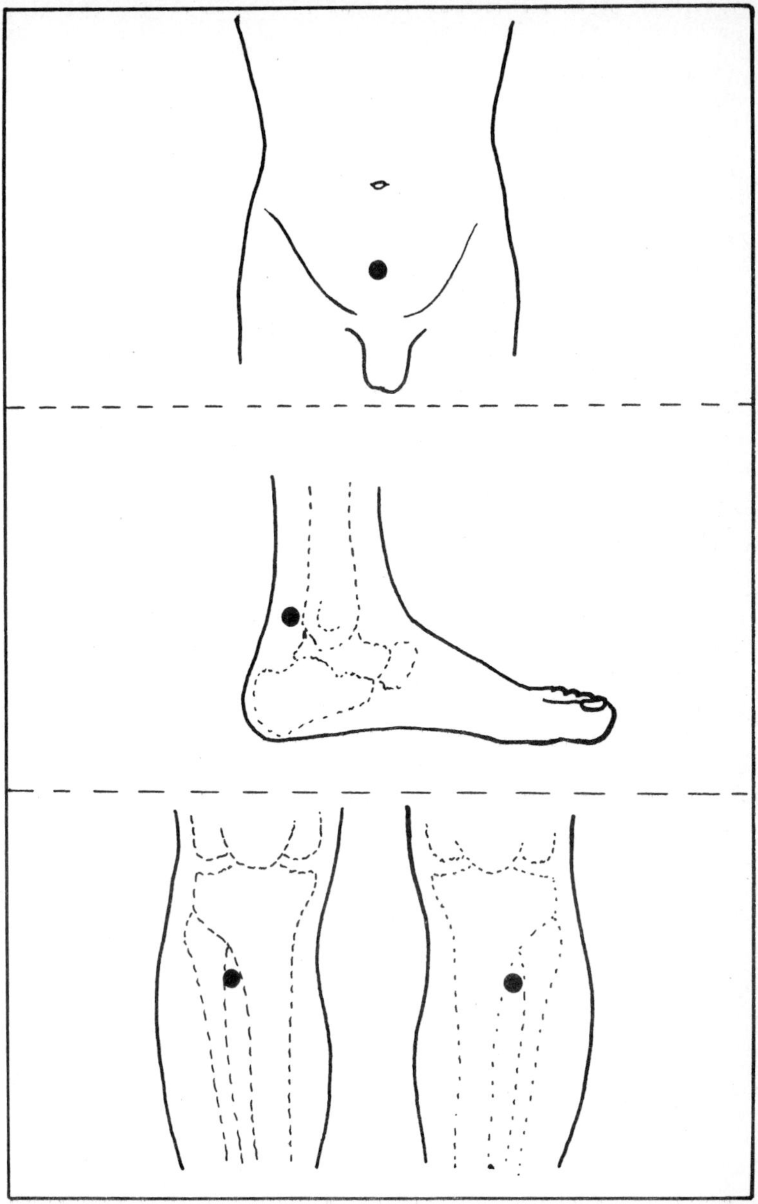

Aplicación 4 *(continuación)*

PUNTO 34: Doble

Situación:

Tres Tsun por debajo del ojo externo de la rótula y el ancho de un dedo hacia afuera (véase pág. 45).

Técnica:

La habitual (pág. 194), pero utilizando el método de sujeción, con el que se ejerce mejor la presión en este punto.

El punto 17 tonifica todo el cuerpo, y el 34 tonifica los canales sutiles por los que discurre la energía vital. El punto 38 retiene el fluido seminal, evitándose así su pérdida. Ésta es una aplicación especialmente indicada para aquellos a quienes la tensión o un exceso de trabajo ha causado una impotencia aparente.

COMBATIR LA IMPOTENCIA

Aplicación 5

Esta aplicación está compuesta por los puntos 51, 52 y 36.

PUNTO 51: Doble

Situación:
A un Tsun y medio de la línea mediana, en la espalda, sobre la horizontal que pasa entre las vértebras lumbares segunda y tercera, así como por el ombligo (línea del cinturón).
Técnica:
La habitual (pág. 194).

PUNTO 52: Doble

Situación:
A tres Tsun de la línea mediana. Sobre la misma horizontal que pasa por el punto anterior.
Técnica:
Igual que en el punto anterior.

PUNTO 36: Doble

Situación:
Tres Tsun por encima del hueso del tobillo, en el borde posterior de la tibia.
Técnica:
La habitual (pág. 194), pero utilizando el método de sujeción, con el que se ejerce mejor la presión en este punto.

Esta aplicación se utiliza también para el control de la eyaculación. (Véase «CONTROL DE LA EYACULACIÓN», aplicación 7.)

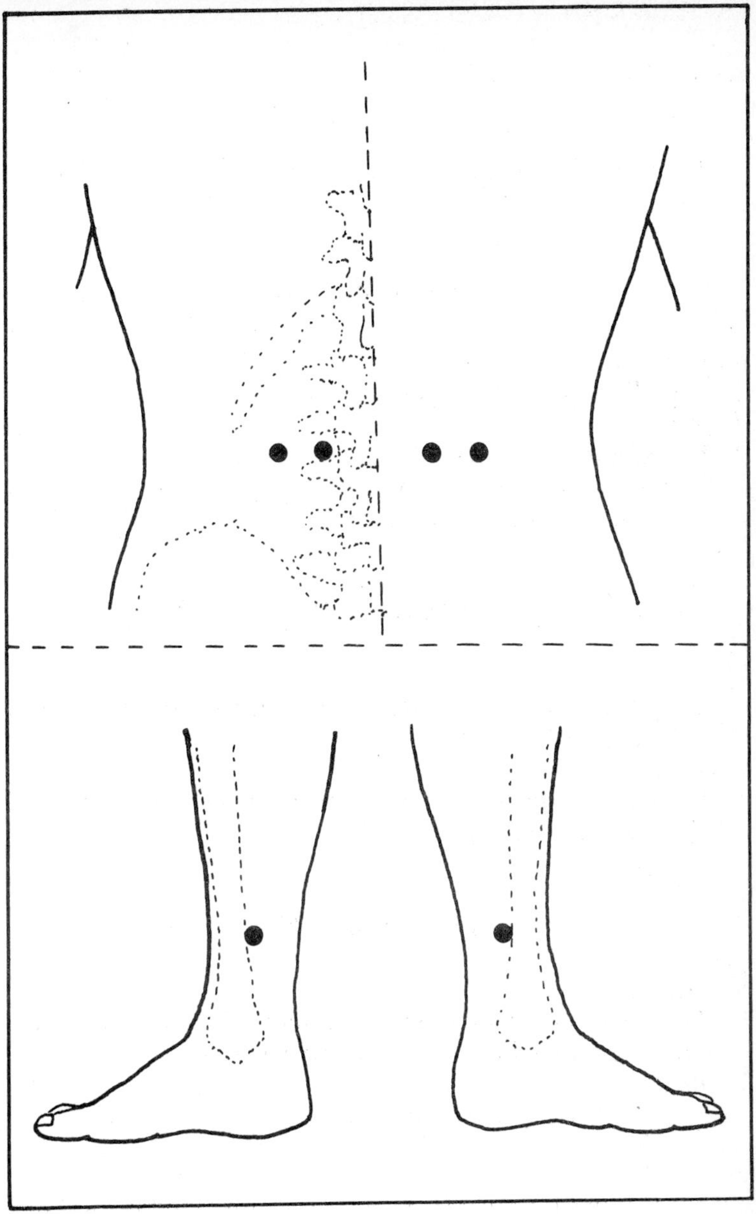

COMBATIR LA IMPOTENCIA

Aplicación 6

Esta aplicación está formada por los puntos 17, 36, 34 y 51.

PUNTO 17: Único

Situación:
Tres Tsun por debajo del ombligo.
Técnica:
La habitual (pág. 194), pero aplicando la presión con los dedos índice y medio, con la fuerza justa para arrastrar la piel con los dedos al girar éstos.

PUNTO 36: Doble

Situación:
Tres Tsun por encima del hueso del tobillo, en el borde posterior de la tibia.
Técnica:
La habitual (pág. 194), pero utilizando el método de sujeción (véase pág. 81).

PUNTO 34: Doble

Situación:
Tres Tsun por debajo del ojo externo de la rótula y el ancho de un dedo hacia fuera (véase pág. 45).
Técnica:
La misma que para el punto anterior.

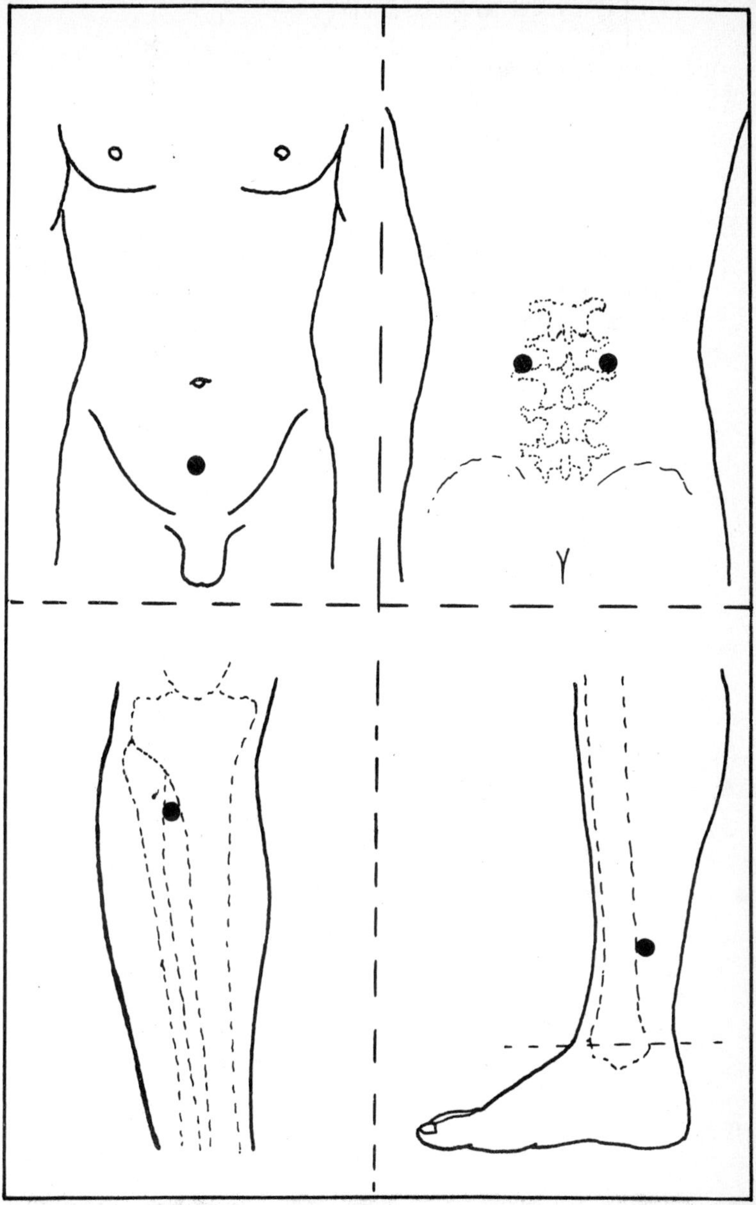

Aplicación 6 *(continuación)*

PUNTO 51: Doble

Situación:
A un Tsun y medio de la línea mediana, en la espalda y sobre la horizontal que pasa entre las vértebras lumbares segunda y tercera, así como por el ombligo (línea del cinturón).

Técnica:
La habitual (pág. 194).

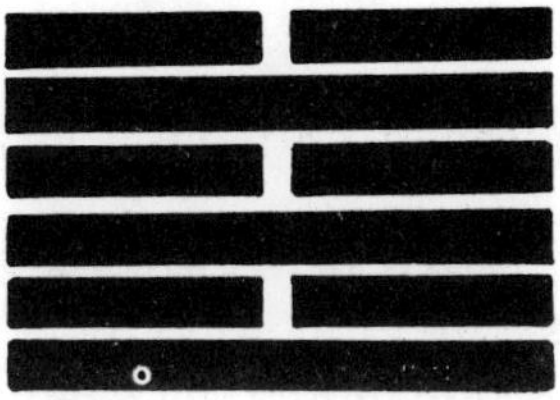

COMBATIR LA IMPOTENCIA

Aplicación 7

Esta aplicación está compuesta por los puntos 20, 17, 36, 34 y 51.

PUNTO 20: Único

Situación:
En el centro del perineo, entre los genitales y el ano.
Técnica:
La habitual (pág. 194), pero se presionará con los dedos índice y medio, según el método de la presión-relajación, ejerciendo una presión moderada (véase pág. 80).

PUNTO 17: Único

Situación:
Tres Tsun por debajo del ombligo.
Técnica:
La habitual (pág. 194), pero aplicando la presión con los dedos índice y medio, y con la fuerza justa para arrastrar la piel con los dedos al girar éstos.

PUNTO 36: Doble

Situación:
Tres Tsun por encima del hueso del tobillo, en el borde posterior de la tibia.
Técnica:
La habitual (pág. 194), pero utilizando el método de sujeción (véase pág. 81).

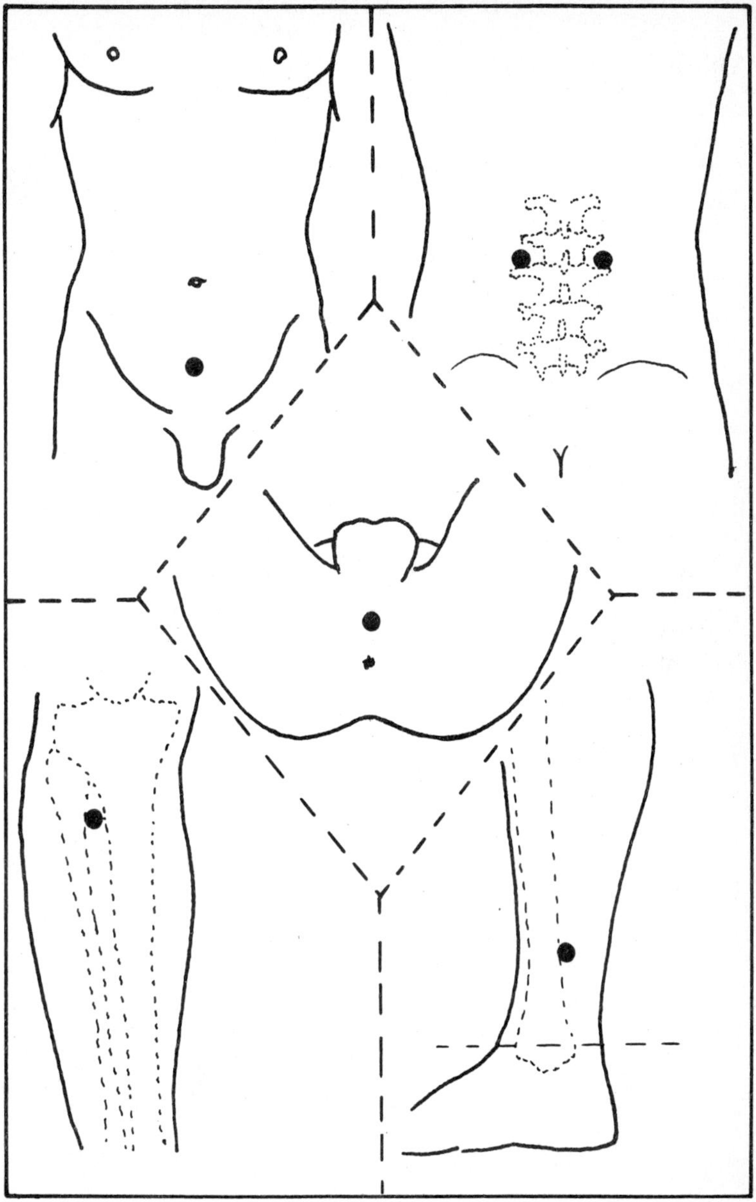

Aplicación 7 *(continuación)*

PUNTO 34: Doble

Situación:

Tres Tsun por debajo del ojo externo de la rótula y el ancho de un dedo hacia afuera.

Técnica:

La misma que para el punto anterior.

PUNTO 51: Doble

Situación:

A un Tsun y medio de la línea mediana, en la espalda, y sobre la horizontal que pasa entre las vértebras lumbares segunda y tercera, así como por el ombligo (línea del cinturón).

Técnica:

La habitual (pág. 194).

䷾

Aplicación 8

Esta aplicación está compuesta por los puntos 66, 56 y 53.

PUNTO 66: Único

Situación:
En la línea mediana de la espalda. En la unión del sacro y del coxis.
Técnica:
La habitual (pág. 194).

PUNTO 56: Único

Situación:
En la línea mediana, entre las vértebras lumbares cuarta y quinta.
Técnica:
La habitual (pág. 194).

PUNTO 53: Único

Situación:
En la línea mediana, entre las vértebras lumbares segunda y tercera.
Técnica:
La misma que los puntos anteriores.

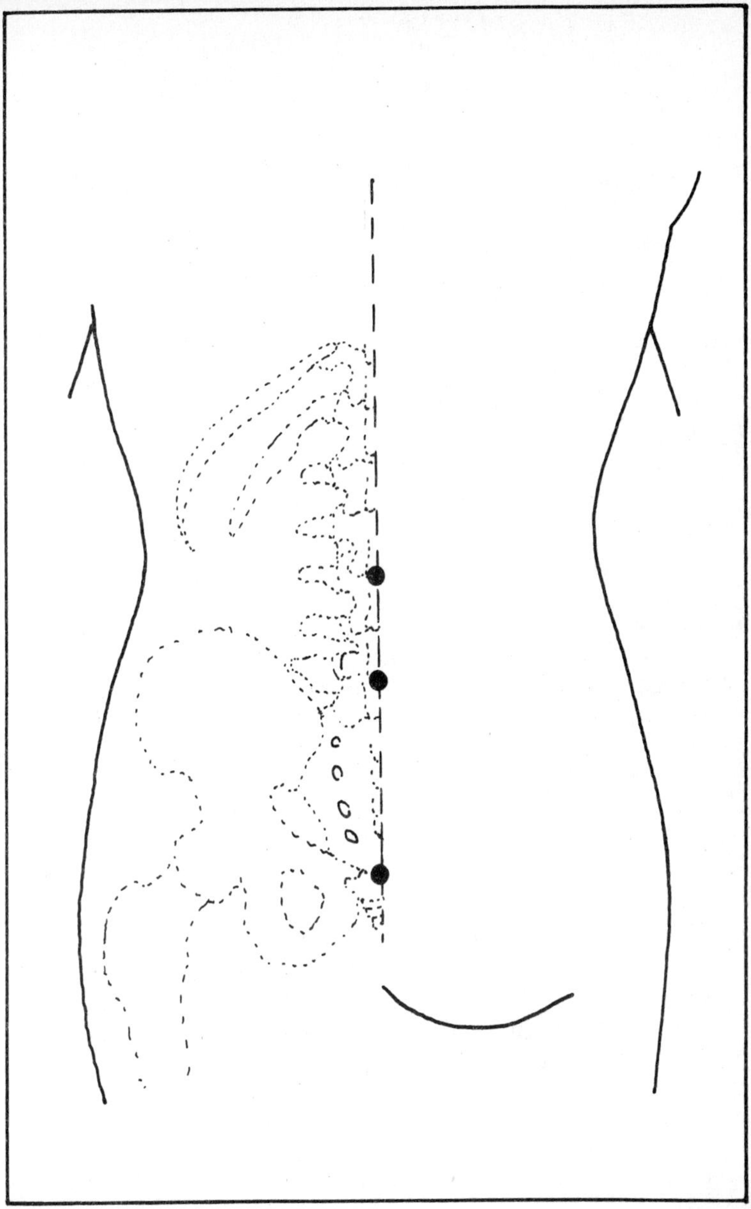

Aplicación 9

Esta aplicación está compuesta por los puntos 40, 25, 53, 17, 36 y 34.

PUNTO 40: Doble

Situación:

En el dorso del pie, entre el primer y el segundo metatarsiano, dos Tsun por encima del espacio interdigital.

Técnica:

La habitual (pág. 194).

PUNTO 25: Doble

Situación:

A dos Tsun de la línea mediana y sobre la horizontal que pasa por el punto 19 (unos cinco Tsun por debajo del ombligo).

Técnica:

La habitual (pág. 194), pero aplicando la presión con los dedos índice y medio, y con la fuerza justa para arrastrar la piel con los dedos al girar éstos.

PUNTO 53: Único

Situación:

En la línea mediana de la espalda, entre las vértebras lumbares segunda y tercera.

Técnica:

La habitual (pág. 194).

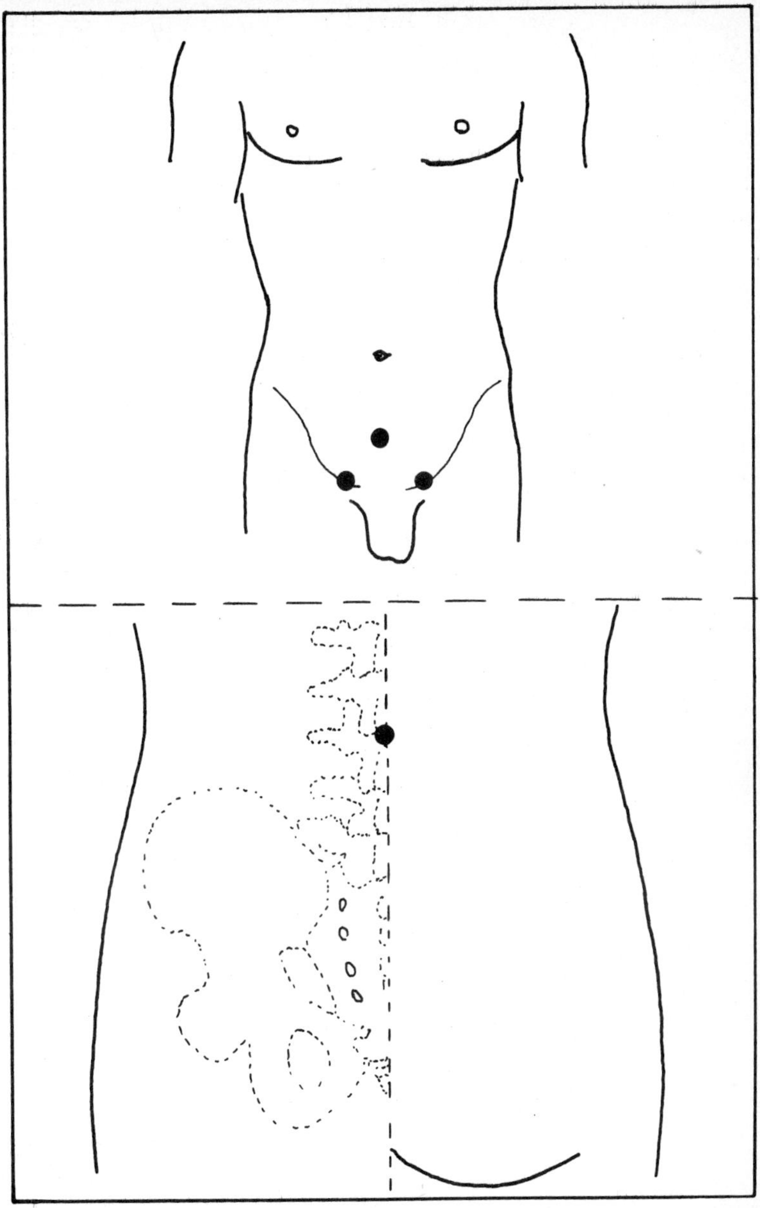

Aplicación 9 *(continuación)*

PUNTO 17: Único

Situación:
Tres Tsun por debajo del ombligo.
Técnica:
La habitual (pág. 194), pero aplicando la presión con los dedos índice y medio, y con la fuerza justa para arrastrar la piel con los dedos al girar éstos.

PUNTO 36: Doble

Situación:
Tres Tsun por encima del hueso del tobillo, en el borde posterior de la tibia.
Técnica:
La habitual (pág. 194), pero utilizando el método de sujeción (véase pág. 81).

PUNTO 34: Doble

Situación:
Tres Tsun por debajo del ojo externo de la rótula y el ancho de un dedo hacia afuera (véase pág. 45).
Técnica:
La misma que para el punto anterior.

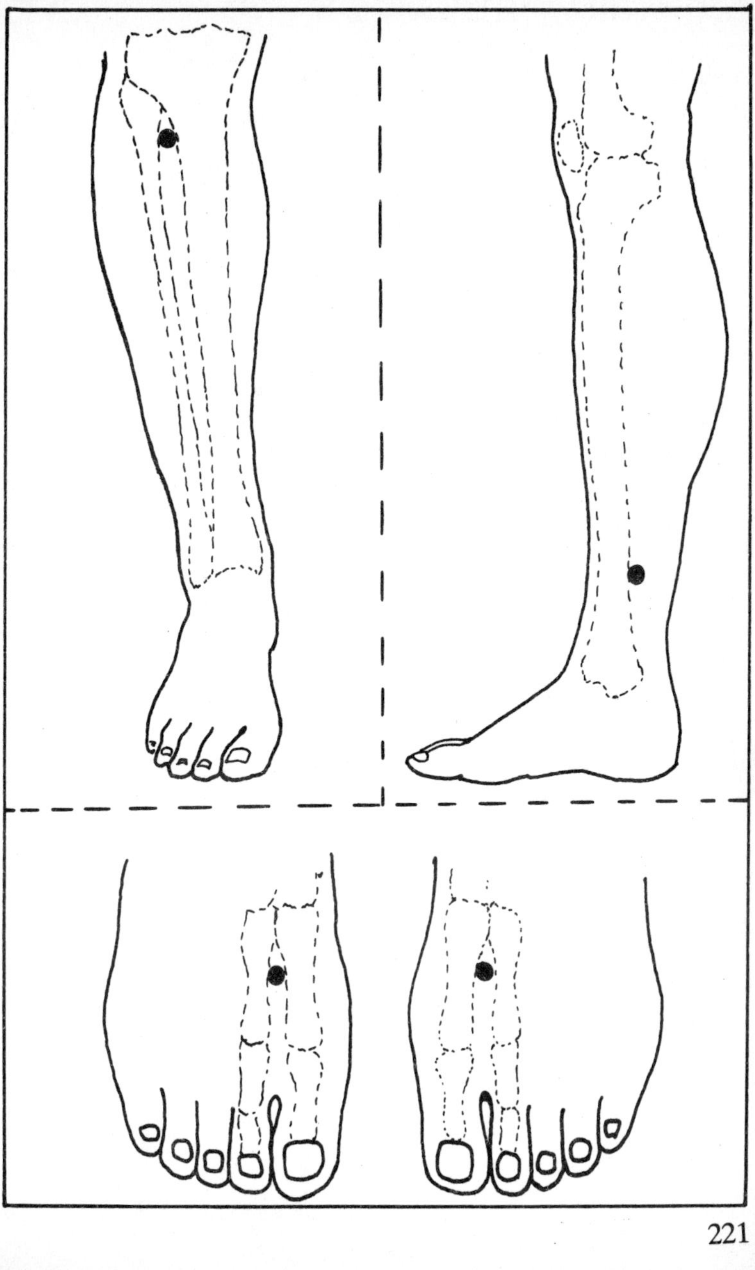

COMBATIR LA IMPOTENCIA

Aplicación 10

Esta aplicación está compuesta por los puntos 19, 18, 17, 15, 53, 51, 35 y 32.

PUNTO 19: Único

Situación:
En la línea mediana, junto al hueso púbico.
Técnica:
La habitual (pág. 194), pero la presión se aplicará con los dedos índice y medio, y con la fuerza justa para arrastrar la piel con los dedos al girar éstos.

PUNTO 18: Único

Situación:
Cuatro Tsun por debajo del ombligo.
Técnica:
Igual que en el punto 19.

PUNTO 17: Único

Situación:
Tres Tsun por debajo del ombligo.
Técnica:
Igual que en el punto 19.

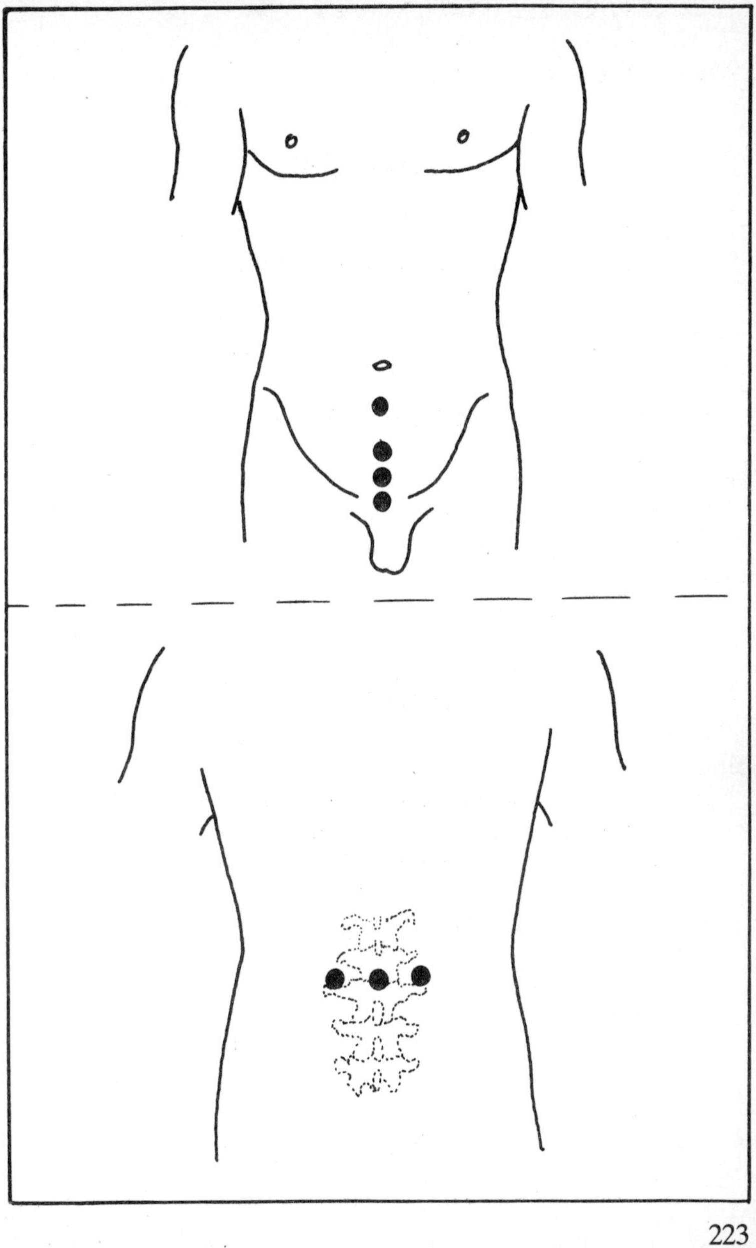

Aplicación 10 *(continuación)*

PUNTO 15: Único

Situación:

Un Tsun y medio por debajo del ombligo.

Técnica:

Igual que en el punto 19.

PUNTO 53: Único

Situación:

En la línea mediana de la espalda, entre las vértebras lumbares segunda y tercera.

Técnica:

La habitual (pág. 194).

PUNTO 51: Doble

Situación:

A un Tsun y medio de la línea mediana, sobre la horizontal que pasa entre las vértebras lumbares segunda y tercera. Es decir, a la altura del punto 53.

Técnica:

La habitual (pág. 194).

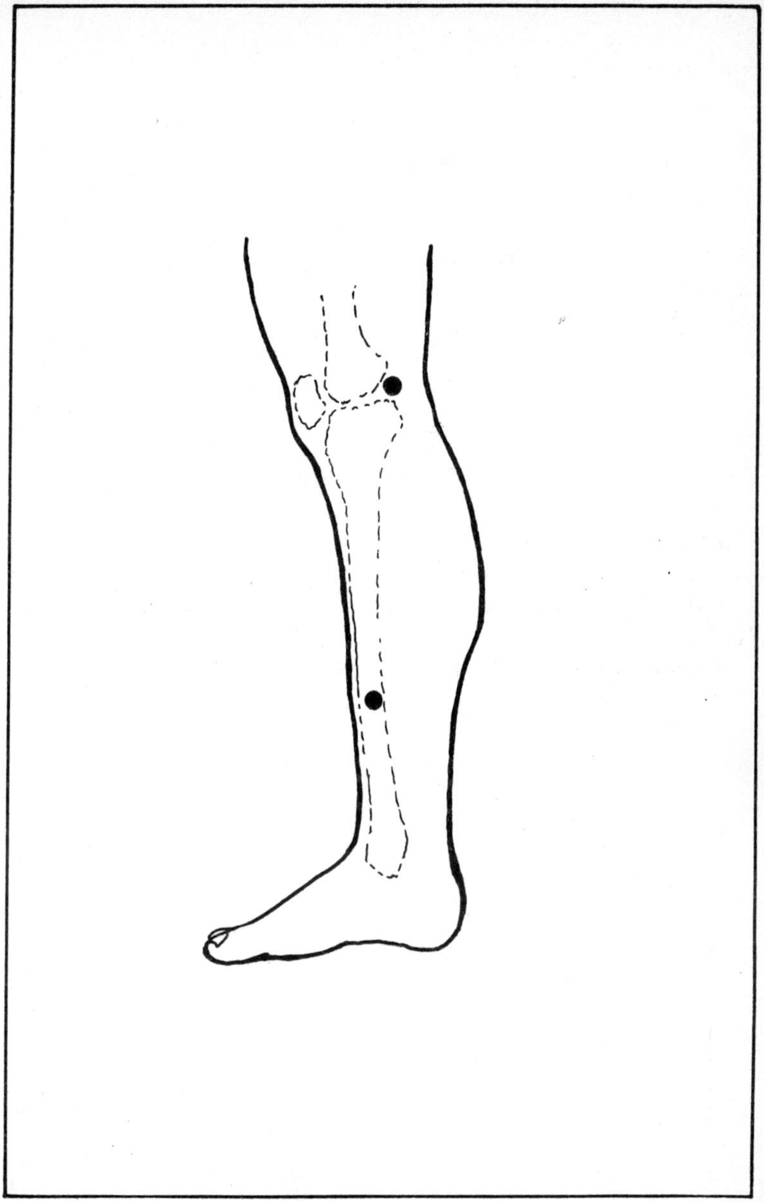

Aplicación 10 *(continuación)*

PUNTO 35: Doble

Situación:

A cinco Tsun por encima del borde interior del hueso del tobillo.

Técnica:

La habitual (pág. 194), pero utilizando el método de sujeción (véase pág. 81).

PUNTO 32: Doble

Situación:

Con la rodilla doblada en ángulo recto, en el hueco del extremo del pliegue interior de flexión de la rodilla.

Técnica:

La habitual (pág. 194).

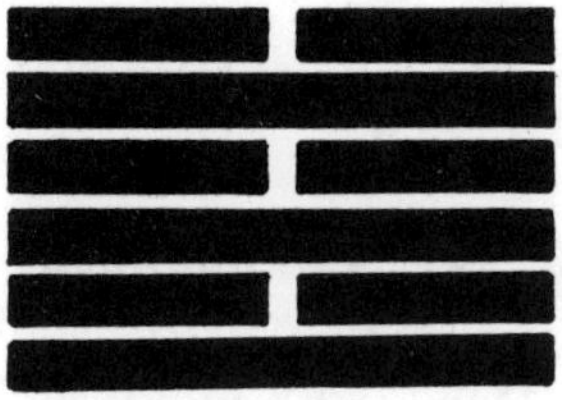

COMBATIR LA IMPOTENCIA

Aplicación 11

Esta aplicación está compuesta por un solo punto, el 35.

PUNTO 35: Doble

Situación:

A cinco Tsun por encima del borde interior del hueso del tobillo.

Técnica:

La habitual (pág. 194), pero utilizando el método de sujeción y aplicando la presión en giros continuos y en sentido inverso a las agujas del reloj. Se presionará el punto cuando la persona que recibe el masaje esté inhalando, y se detendrá el movimiento giratorio cuando exhale el aire.

Esta última aplicación se utiliza para aliviar lo que clásicamente se denomina «erección inabatible». Aunque parezca la situación opuesta a la impotencia, es un estado afín a la misma y, en ocasiones, extremadamente doloroso.

Hay que tener un extremado cuidado con la técnica aquí descrita para tratar este punto y utilizarla sólo en estos casos. Tratar este punto fuera de este contexto puede producir una pérdida de energía tan grande que conduzca a la apatía sexual crónica.

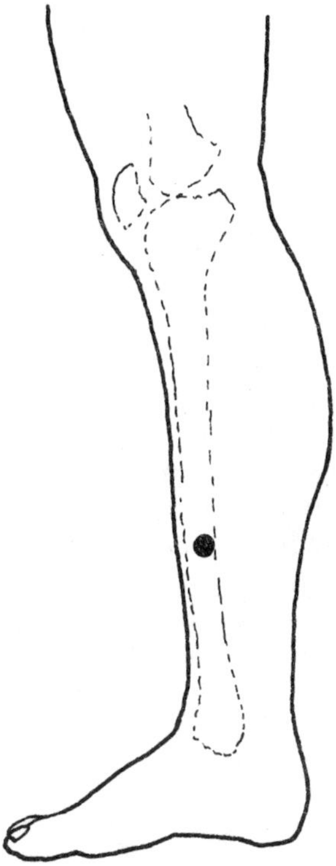

Ocho aplicaciones para suprimir la frigidez

Esquema de las técnicas de manipulación

Este esquema es un simple recordatorio. Si no se conocen a fondo las técnicas, es conveniente repasarlas a partir de la página 61, o de la página 86, donde se ofrece un resumen de las mismas.

A continuación se refieren las técnicas habituales para utilizar en las aplicaciones. En el tratamiento de algunos puntos se especifican técnicas diferentes que serán las que se utilicen en lugar de las habituales. Las técnicas 1, 2 y 3 de la preparación se realizarán sólo antes de la aplicación. La técnica 6 de la manipulación sólo se realizará después. El resto de las técnicas se repetirán para cada punto.

PREPARACIÓN

1. Tener en cuenta los siete principios básicos.
2. Realizar la preparación previa a las aplicaciones.
3. Preparar las manos.
4. Localizar los puntos, utilizando el Tsun de nuestra pareja.

MANIPULACIÓN

1. Colocar el dedo sobre el punto, mantenerlo inmóvil unos segundos sin iniciar la presión. Se mantendrá el contacto durante todo el tratamiento.

2. Subir el ch'i desde la puerta original hasta las manos.

3. Realizar una fuerte presión con el pulgar, en dirección perpendicular a la piel. Mantener la presión contando lentamente hasta ciento ocho, mientras se va girando el dedo en la dirección de las agujas del reloj. La presión y el movimiento se mantendrán mientras la persona que recibe el tratamiento esté expulsando el aire. Cuando inhale, se mantendrá la presión, pero cesará el movimiento.

4. Terminado el tratamiento, cesarán movimiento y presión. No obstante, se mantendrá el contacto entre el dedo y el punto durante unos segundos.

5. Comprobar si la pareja ha alcanzado el ch'i.

6. Relajarse ambos unos minutos antes de iniciar la práctica dual.

La principal barrera para realizar con plenitud la práctica dual es la falta de respuesta sexual femenina. En ausencia del orgasmo femenino es imposible que exista un adecuado intercambio energético. En muchas ocasiones, esta apatía sexual puede ser debida a la fatiga, a un nivel energético insuficiente para conseguir el orgasmo, para lo cual se deben utilizar los tratamientos del primer grupo de aplicaciones. Otras veces, la dificultad estriba en la ausencia de una concentración adecuada. Este problema tiene su solución en las aplicaciones del segundo grupo, especialmente las que ayudan a incrementar el orgasmo. Finalmente, si no es fatiga o impotencia sexual, puede tratarse de un bloqueo emocional que dificulta la expansión energética por vía sexual.

Las ocho aplicaciones de este grupo están destinadas a levantar estas barreras, relajando las tensiones que las produjeron.

SUPRIMIR LA FRIGIDEZ

Aplicación 1

Esta aplicación está compuesta por un solo punto, el 36.

PUNTO 36: Doble

Situación:
Tres Tsun por encima del hueso del tobillo, en el borde posterior de la tibia.
Técnica:
La habitual (pág. 230), utilizando el método de sujeción (véase pág. 81).

Este punto es el punto femenino por excelencia. Aplicado con perseverancia, los resultados pueden ser asombrosos.

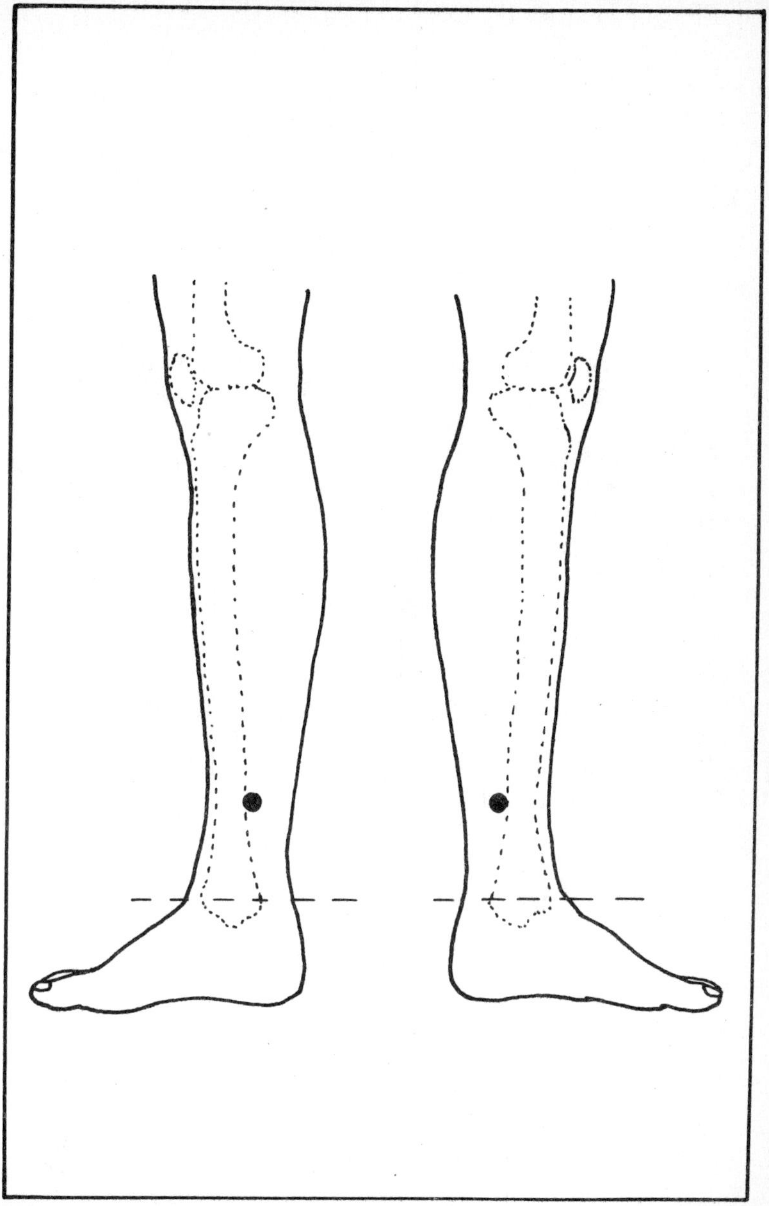

SUPRIMIR LA FRIGIDEZ

Aplicación 2

Esta aplicación está compuesta por los puntos 3 y 4.

PUNTO 3: Único

Situación:

En la línea media del labio superior, a un tercio de la base de la nariz.

Técnica:

La habitual (pág. 230), aplicando la presión por el método presión-relajación (véase pág. 80) en dirección a la base de la nariz.

PUNTO 4: Único

Situación:

Debajo del anterior, justo en el borde del labio.

Técnica:

La habitual (pág. 230), aplicando la presión por el método presión-relajación (véase pág. 80).

La aplicación se realiza en los principios de la práctica dual. Elimina numerosas tensiones e incrementa el orgasmo (véase pág. 126).

SUPRIMIR LA FRIGIDEZ

Aplicación 3

Esta aplicación está compuesta por un solo punto, el 54.

PUNTO 54: Único

Situación:
Entre las vértebras lumbares tercera y cuarta, en la línea media de la espalda.
Técnica:
La habitual (pág. 230).

Es un punto especialmente indicado para suprimir la frigidez.

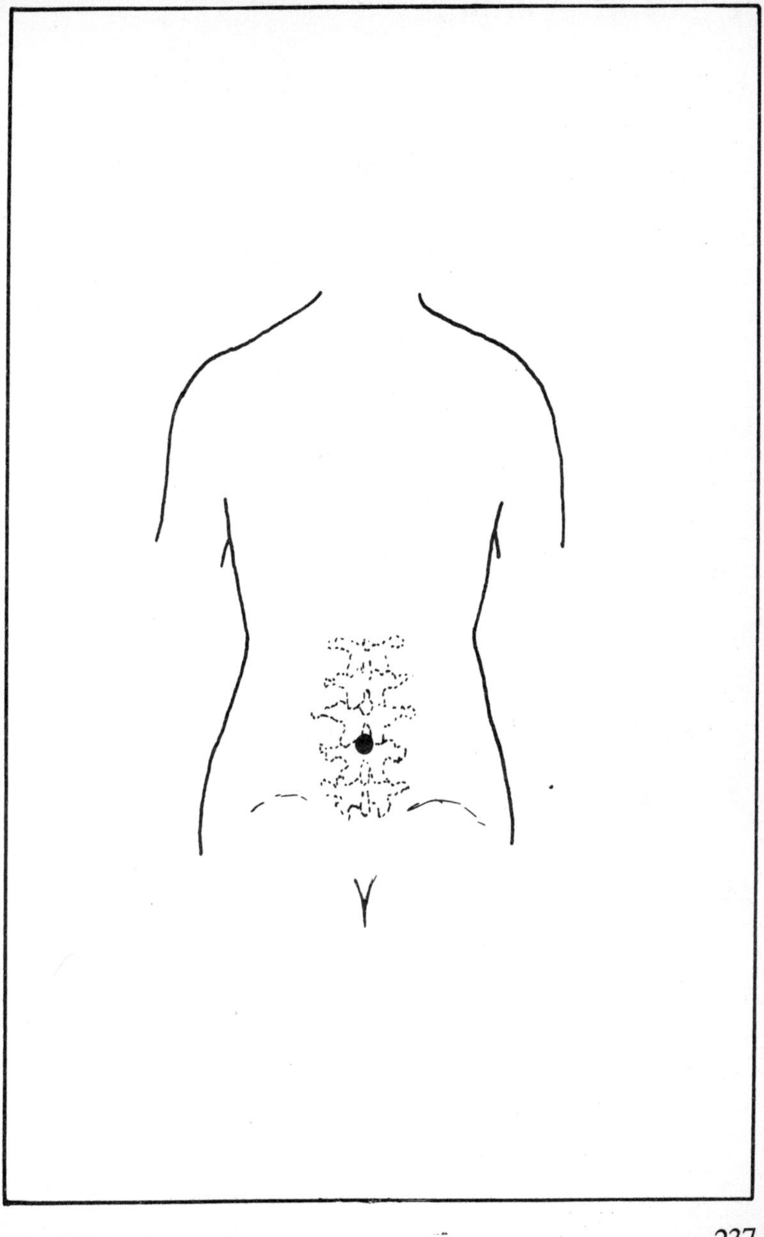

SUPRIMIR LA FRIGIDEZ

Aplicación 4

Esta aplicación está compuesta por los puntos 41 y 17.

PUNTO 41: Doble

Situación:
En el ángulo exterior de la uña del segundo dedo del pie, a unos dos milímetros de la uña.
Técnica:
La habitual (pág. 230), presionando en forma de pinza con la punta del pulgar.

PUNTO 17: Único

Situación:
Tres Tsun por debajo del ombligo.
Técnica:
La habitual (pág. 230), pero aplicando la presión con los dedos índice y medio, con la fuerza justa para arrastrar la piel con los dedos al girar éstos.

Éste es uno de los más antiguos tratamientos contra la frigidez.

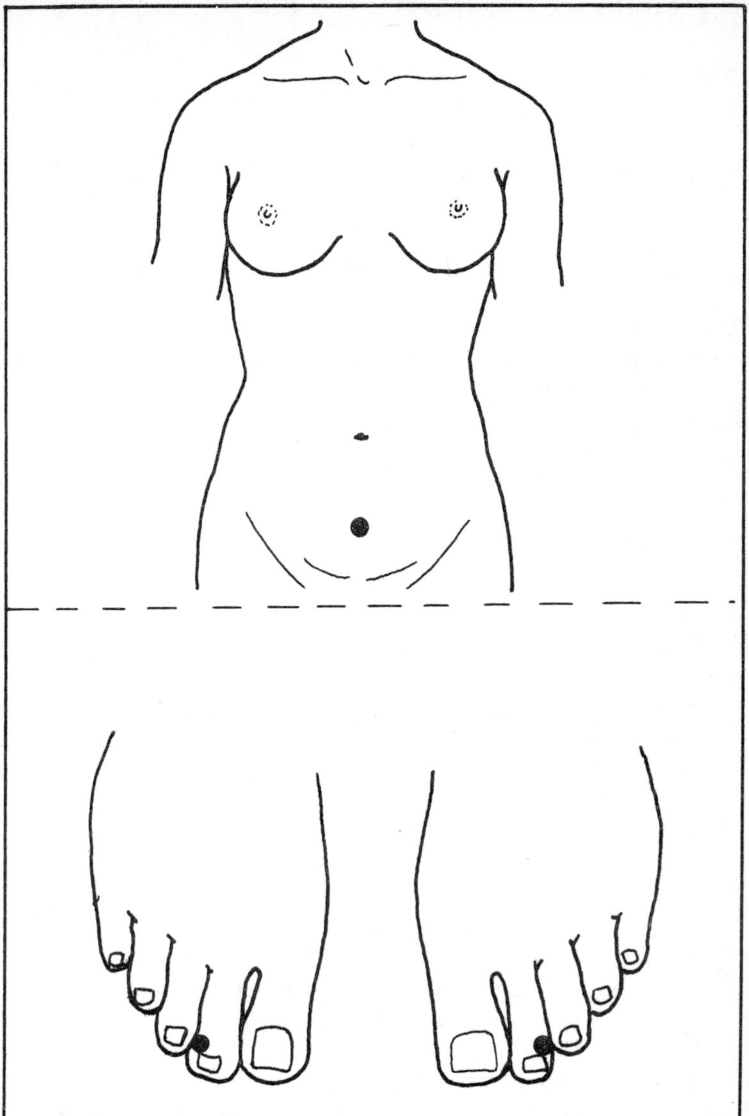

SUPRIMIR LA FRIGIDEZ

Aplicación 5

Esta aplicación está compuesta por los puntos 39, 37 y 2.

PUNTO 39: Doble

Situación:
En un hueco situado a un Tsun del borde inferior del hueso del tobillo.
Técnica:
La habitual (pág. 230), presionando en forma de pinza.

PUNTO 37: Doble

Situación:
Tres Tsun por encima del hueso del tobillo.
Técnica:
La habitual (pág. 230), utilizando el método de sujeción (véase pág. 81).

PUNTO 2: Doble

Situación:
Junto al ojo, entre el lagrimal y la nariz.
Técnica:
La habitual (pág. 230), presionando con cuidado en un ángulo de 45 grados con el plano de la nariz.

Este tratamiento es eficaz para combatir la debilidad sexual y también la ausencia de placer durante el acto sexual.

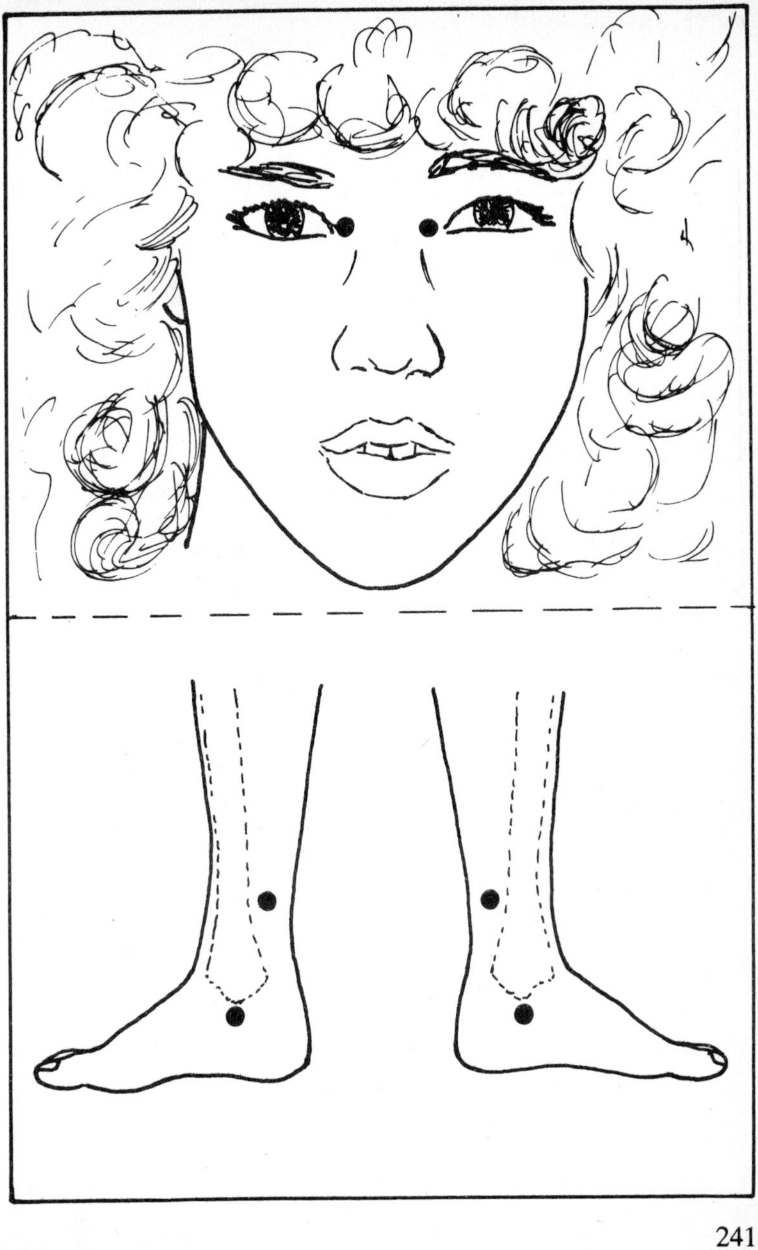

SUPRIMIR LA FRIGIDEZ

Aplicación 6

Esta aplicación está compuesta por los puntos 12, 13, 21 y 30.

PUNTO 12: Único

Situación:
En el esternón, en el centro de la línea que pasa por los pezones o por el cuarto espacio intercostal.
Técnica:
La habitual (pág. 230), pero aplicando la presión con los dedos índice y medio, con la fuerza justa para arrastrar la piel con los dedos al girar éstos. También puede tratarse con los pulgares, siempre que no se apoye el peso del cuerpo encima.

PUNTO 13: Único

Situación:
Cuatro Tsun por encima del ombligo.
Técnica:
Igual que en el punto anterior, pero ejerciendo la presión hacia adentro y hacia abajo.

PUNTO 21: Doble

Situación:
A dos Tsun de distancia del ombligo y a su misma altura.
Técnica:
La misma que en el punto 12.

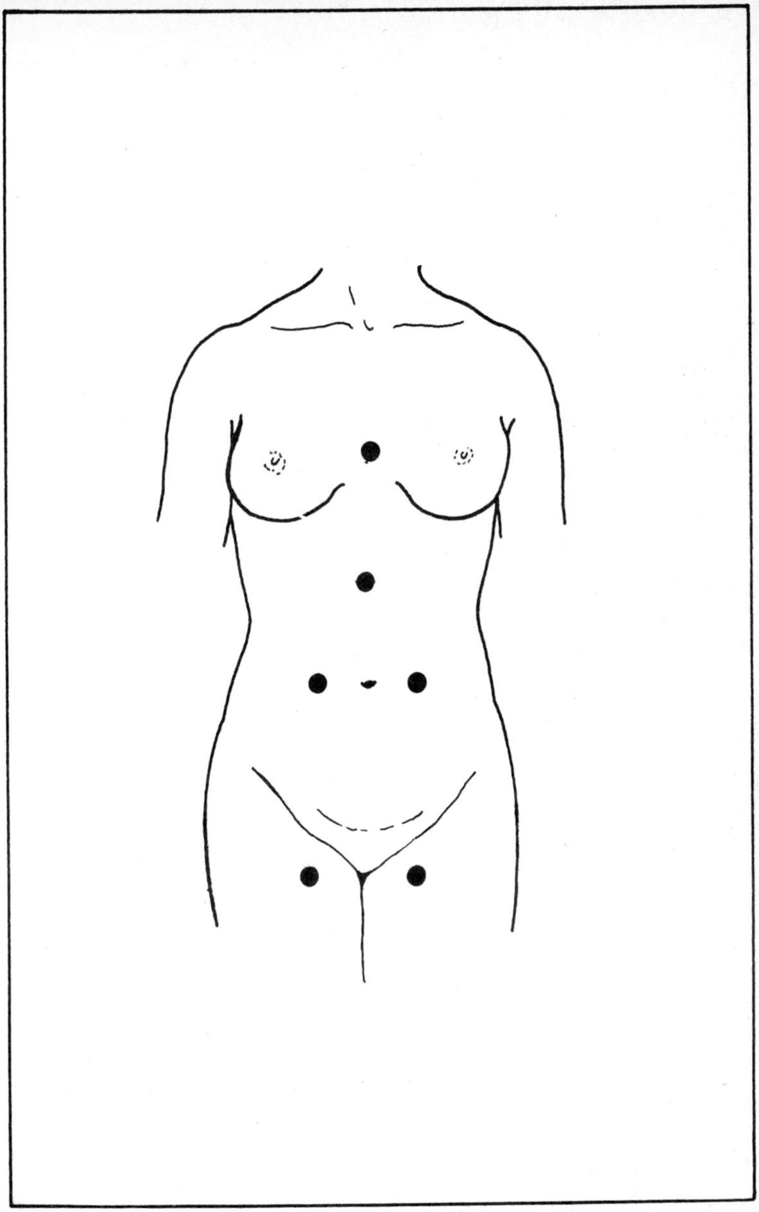

Aplicación 6 *(continuación)*

PUNTO 30: Doble

Situación:
Dos Tsun por debajo del pliegue de la ingle, un Tsun por debajo del lugar donde se siente el latido de la arteria femoral, en la cara interna del muslo. Se localiza mejor si la persona está echada.

Técnica:
La misma que en el punto 12, apretando con los pulgares un poco más, hasta localizar el tejido muscular.

SUPRIMIR LA FRIGIDEZ

Aplicación 7

Esta aplicación está compuesta por los puntos 51, 58, 59 y 5.

PUNTO 51: Doble

Situación:
A un Tsun y medio de la línea mediana, sobre la horizontal que pasa entre las vértebras lumbares segunda y tercera, así como por el ombligo (línea del cinturón).
Técnica:
La habitual (pág. 230).

PUNTO 58: Doble

Situación:
A un Tsun y medio de la línea mediana, en la horizontal que pasa por debajo de la quinta vértebra lumbar.
Técnica:
La misma que en el punto anterior.

PUNTO 59: Doble

Situación:
A un Tsun y medio de la línea mediana, sobre la horizontal que pasa por el primer foramen del sacro, en un surco vertical que se percibe al tacto.
Técnica:
La misma que en el punto 51.

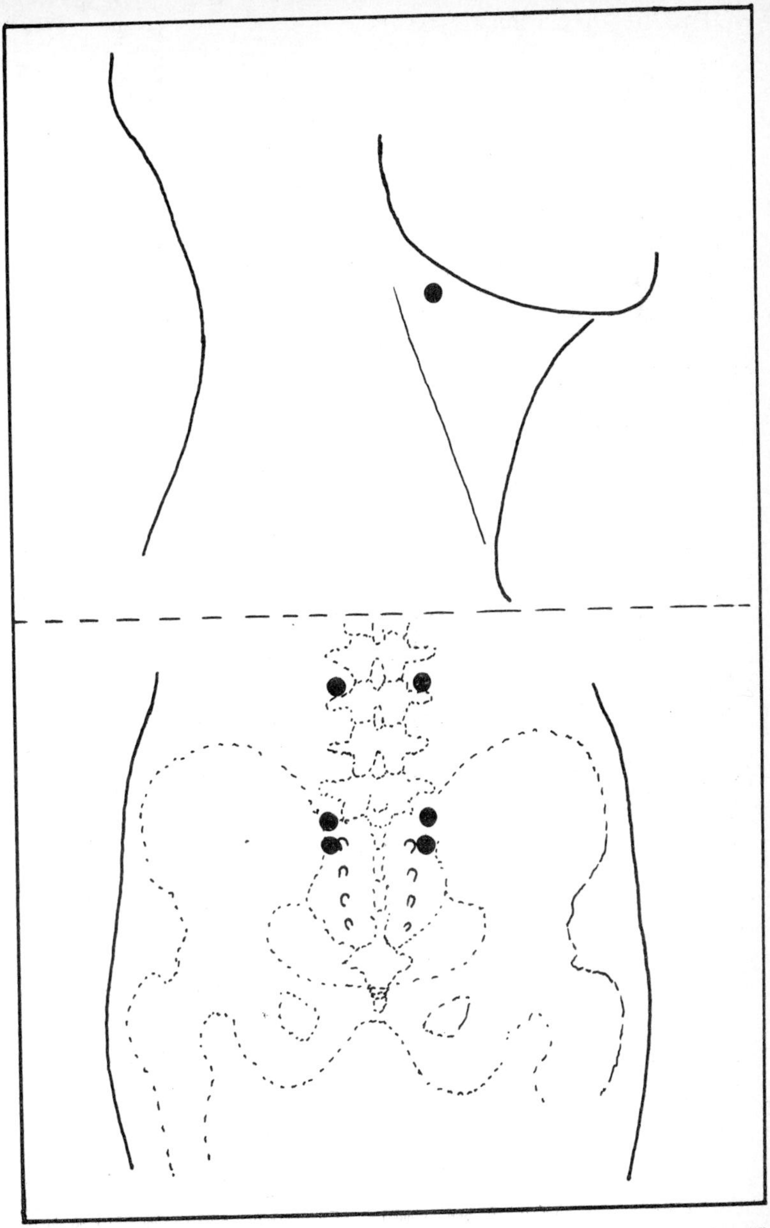

Aplicación 7 *(continuación)*

PUNTO 5: Doble

Situación:

En el cuello, debajo de la mandíbula y a ambos lados de la laringe, justo en el lugar en el que se siente latir la carótida, en el borde exterior del músculo del cuello.

Técnica:

La habitual (pág. 230). La presión será suave y en dirección al músculo, sin presionar la arteria.

SUPRIMIR LA FRIGIDEZ

Aplicación 8

Esta aplicación está compuesta por los puntos 25, 34, 30, 33 y 36.

PUNTO 25: Doble

Situación:

A dos Tsun de distancia de la línea mediana, en el vientre. Sobre la horizontal que pasa por el punto 19 (cinco Tsun por debajo del ombligo).

Técnica:

La habitual (pág. 230), pero aplicando la presión con los dedos índice y medio, con la fuerza justa para arrastrar la piel al girar los dedos.

PUNTO 34: Doble

Situación:

Tres Tsun por debajo del ojo externo de la rótula y el ancho de un dedo hacia afuera.

Técnica:

La habitual (pág. 230), pero utilizando el método de sujeción.

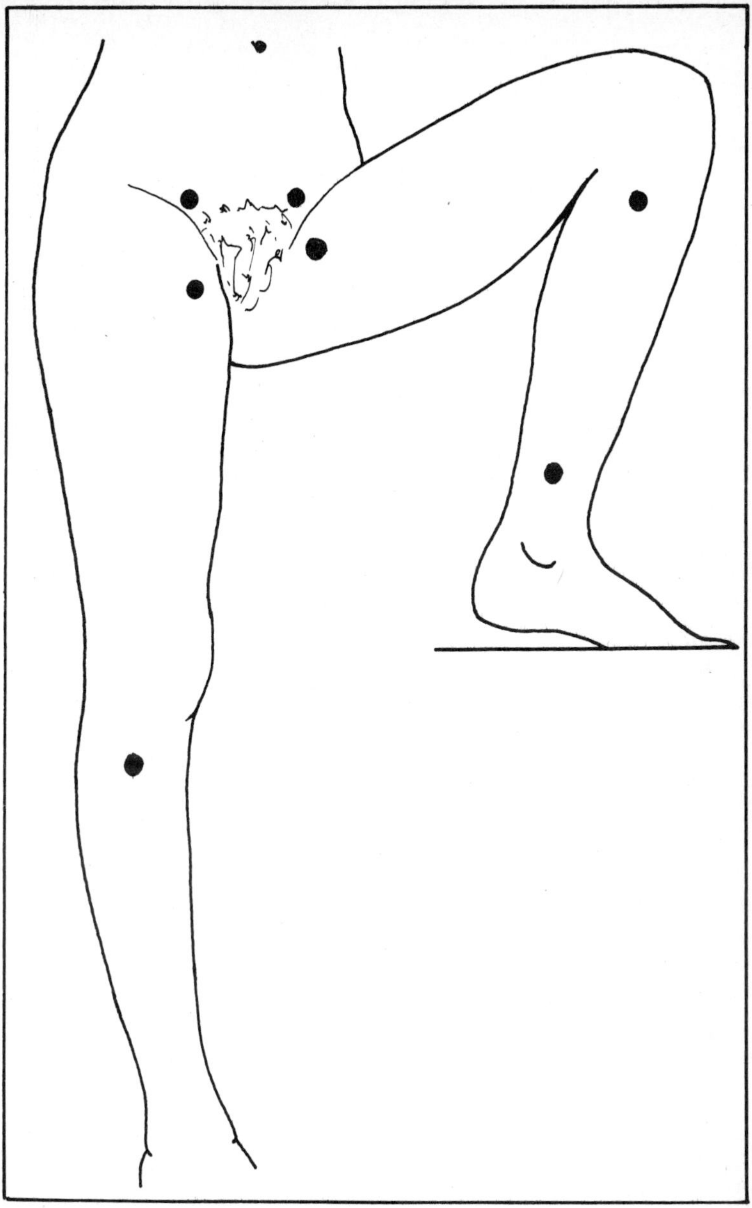

Aplicación 8 *(continuación)*

PUNTO 30: Doble

Situación:
Dos Tsun por debajo del pliegue de la ingle, un Tsun por debajo del lugar donde se siente el latido de la arteria femoral, en la cara interna del muslo. Se localiza mejor si la persona está echada.
Técnica:
La habitual (pág. 230), aplicando la presión con los dedos índice y medio, con la fuerza suficiente para arrastrar la piel y llegar hasta el tejido muscular.

PUNTO 33: Doble

Situación:
En un hueco debajo de la cabeza de la tibia.
Técnica:
Igual a la del punto 34.

PUNTO 36: Doble

Situación:
Tres Tsun por encima del hueso del tobillo, en el borde posterior de la tibia.
Técnica:
Igual a la del punto 34.

DESPUÉS DE LA CONSUMACIÓN

Después de la consumación, al terminar el acto sexual, el hombre y la mujer se encuentran en estado de armonía. Si lo masculino y lo femenino están en armonía, el Universo estará en equilibrio.

DESPUÉS DE LA CONSUMACIÓN es el hexagrama de la relación sexual.